FUSSBALL UNSER

• EIN BUCH DES •

Süddeutsche Zeitung Magazin

FUSSBALL UNSER

.... WAS MAN NICHT ALLES WISSEN MUSS ....

• EDUARD AUGUSTIN • PHILIPP VON KEISENBERG • CHRISTIAN ZASCHKE •

Herausgegeben von
Eduard Augustin • Philipp von Keisenberg • Christian Zaschke

Text • Eduard Augustin • Christian Zaschke
Gestaltung • Philipp von Keisenberg
Illustrationen • Justin von Keisenberg
Herstellung • Weixler + Schiffers
Druck und Bindearbeiten • Ebner & Spiegel, Ulm

Bibliographische Information
Die Süddeutsche Zeitung Edition verzeichnet diese Publikation
in der Deutschen Nationalbibliographie.
Detaillierte bibliographische Daten sind im Internet über
http://dnb.ddb.de abrufbar.

• Printed in Germany •
ISBN: 3-86615-220-5

Ein teuflischer
Zeitvertreib ... der Neid, Groll und Bosheit
wachsen lässt, und manchmal gar zu
Streit, Mord, Totschlag und
großem Blutverlust
führt.

Philip Stubbes über Fußball

„The Anatomie of Abuses“

• 1583 •

• DIE MARADONAS • 001

Immer wieder werden Spieler, die ganz gut mit dem Ball umgehen können, mit dem Argentinier Diego Armando Maradona verglichen, einem unglaublichen Zauberer des Fußballs. Da sie eben doch nicht ganz Maradona sind, erhalten diese Spieler von Fans oder Presse einen kleinen, aber entscheidenden Namenszusatz, der das hohe Lob „Maradona“ ein wenig relativiert.

Der Alpen-Maradona **Österreich** .... Andreas Herzog
Der Karpaten-Maradona **Rumänien** .... Gheorghe Hagi
Der Ried-Maradona **SG Egelsbach** .... Frank Stier
Der Wüsten-Maradona **Saudi-Arabien** .... Saeed Owairan
Der Singapur-Maradona **Singapur** .... Abbas Saad
Der Indien-Maradona **Indien** .... Baichung Bhutia
Die Maradona des Frauenfußballs **Peru** .... Cecilia Tait
Der Balkan-Maradona **Albanien** .... Edvin Murati
Der Bosporus-Maradona **Türkei** .... Emre Belozoglu
Der Korea-Maradona **Südkorea** .... Yoo Young Park
Der Maurergesellen-Maradona **1. FC Köln** .... Hans-Werner Reif

• SIALKOT – HAUPTSTADT DES FUSSBALLS • 002

Einst trat man gegen Orangen, Kokosnüsse, Schweins- und Ochsenblasen, gegen gewickelte Lumpen und Naturgummi, auch gegen Totenköpfe. Erst das mit Luft gefüllte Leder wurde zu dem, was wir unter dem Begriff Fußball kennen. Heute besteht ein Fußball aus synthetischen Schäumen, deren Mikrobläschen mit einem Gas gefüllt sind. Aus 32 gleich großen Teilen wird er zusammengesetzt, manchmal geklebt, meist jedoch genäht. Diese teure Handarbeit hat Sialkot (Pakistan) zur Welthauptstadt des Fußballs werden lassen: Rund 80 Prozent der Weltproduktion werden dort abgewickelt, alle namhaften Hersteller sind vertreten. Erst 1998 – durch das Atlanta-Agreement – konnte die Kinderarbeit in der Fußballproduktion zumindest offiziell abgeschafft werden ....

003 • KLEINER WETTBETRUG •

Es war das Jahr 1992, als sich ein Zocker überlegte, dass er nun reich werden würde. Er hatte sich einen feinen Plan zurechtgelegt, an den er sich eisern hielt. Auf einen Tippschein trug er die Ergebnisse von 61 Fußballspielen ein, die am zweiten Weihnachtsfeiertag in Großbritannien ausgetragen werden sollten. Anschließend begab er sich auf einen kleinen Spaziergang, der ihn zum Buchmacher Ladbrokes führte. Dort gab er seinen Tippschein ab, nahm seine Kopie in Empfang, und jetzt mussten nur noch die 61 Spiele so ausgehen wie prophezeit. Das geschah erstaunlicherweise nicht, doch der Zocker hatte für diesen Fall vorgesorgt. Er fälschte seine Kopie des Tippscheins, er legte sie Ladbrokes vor, und siehe: alle 61 Spiele genau richtig getippt. Die Gewinnsumme hätte 3.826 Billionen Pfund betragen, also etwa das Zehnfache des damaligen britischen Bruttoinlandsprodukts. Es überrascht kaum, dass Ladbrokes nicht klaglos auszahlte und gratulierte, sondern leise Skepsis anmeldete. Die leise Skepsis führte zu einem Gerichtsverfahren, in dem der Zocker schließlich zugab, dass er nicht der rechtmäßige Gewinner von 3.826 Billionen Pfund war. Dass der Zocker Schotte war, sei hier nur am Rande erwähnt ....

004 • DIE WELTTORHÜTER DES JAHRHUNDERTS •

Die Welttorhüter des Jahrhunderts wurden im Jahr 2000 von der Internationalen Föderation für Fußball-Geschichte und Statistik per Wahl unter Experten ermittelt.

1. Platz Lew Jaschin geboren 1929 .... Russland
2. Platz Gordon Banks geboren 1937 .... England
3. Platz Dino Zoff geboren 1942 .... Italien
4. Platz Sepp Maier geboren 1944 .... Deutschland
5. Platz Ricardo Zamora geboren 1961 .... Spanien
6. Platz José Luis Chilavert geboren 1965 .... Paraguay
7. Platz Peter Schmeichel geboren 1963 .... Dänemark

DIE WELTKLUBTRAINER 005

Die Weltklubtrainer des Jahres werden von der Internationalen Föderation für Fußball-Geschichte und Statistik seit 1996 per Wahl unter Journalisten ermittelt.

1996 Marcello Lippi .... Juventus Turin
1997 Ottmar Hitzfeld .... Borussia Dortmund
1998 Marcello Lippi .... Juventus Turin
1999 Alex Ferguson .... Manchester United
2000 Carlos Bianchi .... Boca Juniors, Buenos Aires
2001 Ottmar Hitzfeld .... FC Bayern München
2002 Vicente del Bosque .... Real Madrid
2003 Carlos Bianchi .... Boca Juniors, Buenos Aires
2004 José Mourinho .... FC Porto

FUSSBALLER, DIE RECHT GERNE RAUCHEN 006

Paul Gascoigne Besser noch bekannt dafür, dass er zur Zigarette einige Biere zu sich nahm und zu den Bieren dann und wann einen Schnaps ....
Mario Basler Besser noch bekannt dafür, dass er zur Zigarette einige Biere zu sich nahm, wenn auch nicht so viele wie Paul Gascoigne ...
David Ginola Besser noch bekannt dafür, dass er Werbung für Shampoo machte. Eigentlich ausschließlich dafür bekannt ....
Slaven Bilic Besser noch bekannt dafür, dass er bei der EM 1996 im Viertelfinale Deutschland vs. Kroatien (2:1) den am Boden liegenden Christian Ziege trat ....
Ossie Ardiles Besser noch bekannt dafür, dass aus „recht gerne rauchen" zwischenzeitlich „aber so was von gerne rauchen" wurde. Als er 1978 Weltmeister mit Argentinien wurde, rauchte er 40 Zigaretten am Tag ....
Gianluca Vialli Besser noch bekannt dafür, dass er als Sohn eines Millionärs auf einem Landsitz in der Nähe von Cremona aufwuchs. Und dafür, dass er in seinem Koffer stets alles picobello sortierte:

hier ordentlich die kleinen Socken, dort säuberlich die schönen Hemden ....

Teddy Sheringham Besser noch bekannt dafür, dass er nach seiner Einwechslung im Champions-League-Endspiel 1999 FC Bayern München vs. Manchester United (1:2) in der Nachspielzeit den Ausgleich erzielte ....

Sócrates Besser noch bekannt dafür, dass er nicht nur Profifußballer war, sondern auch Kinderarzt ist ....

Preben Elkjær Larsen Für nichts besser bekannt als fürs Rauchen. Steckte sich, wenn er ausgewechselt wurde, auch auf der Bank mal eine an ....

007 • FUSSBALL ANDERSWO •

Dänemark .... Fodbold
England .... Football
Finnland .... Jalkapallo
Frankreich .... Le Football
Griechenland .... Podosfairo
Holland .... Voetbal
Italien .... Gioco del calcio
Norwegen .... Fotball
Polen .... Pilka nozna
Portugal .... Futebol
Rumänien .... Fotbal
Schweden .... Fotboll
Serbokroatien .... Nogometna lopta
Spanien .... Fútbol
Tschechien .... Fotbal
Türkei .... Futbol
Ungarn .... Futball

Manche Banner tauchen in den verschiedensten Stadien so oft auf, dass man sich fragt, ob eine Hundertschaft von Fans mit hunderten Exemplaren auf Reisen geht. Dem ist nicht so.

Air Bäron Der frühere HSV-Stürmer Karsten Bäron hatte viele Fans. Einen hat er behalten, auch nachdem er im Jahr 2000 wegen einer Knieverletzung seine Karriere beenden musste. Dieser Fan heißt Frank Niemann und hatte die Idee zum Banner „Air Bäron“. Niemann aus Westbevern bei Münster zieht seit mehr als zehn Jahren mit dem Banner von Stadion zu Stadion, „Air Bäron“ hängt überall ....

Menden Sieg Dieses Banner hängt seit 1991, wie es scheint, in jedem Stadion. Zwischen „Menden“ und „Sieg“ ist das Emblem des FC Schalke 04 zu sehen. Dahinter stecken drei reiselustige Personen, die Familie Jentges aus Menden bei Bonn – nicht aus Menden im Sauerland ....

Ruhrpott-Rambos Die Ruhrpott-Rambos sind ein Borussia-Dortmund-Fanklub aus Essen, der sich selbst bekannter machen wollte. Das hat ganz gut geklappt. Die Ruhrpott-Rambos sind, dank des Banners, nicht nur Fußballfans, sondern auch Journalisten aufgefallen. Und damit noch mehr Fußballfans ....

Rheine Carsten Jüttner aus Rheine ist Fan von Borussia Mönchengladbach. Auf seinem Banner steht „Rheine“, eingerahmt von Deutschlandflaggen, wie man im Fernsehen immer wieder sieht .....

Red Munichs Auch das gibt es: echte Fans des FC Bayern München, die nicht bloß Trittbrettfahrer des Erfolgs sind. Der 13-köpfige Fanklub „Red Munichs“ pfeift auf Autogramme von Spielern und konzentriert sich darauf, alle Spiele des Klubs zu sehen – und das Banner aufzuhängen. Das letzte Spiel der Bayern, bei dem keines der 13 Mitglieder im Stadion weilte, war nach eigener Auskunft ein Freundschaftsspiel in den USA, 1994. Länderspiele sind ebenfalls Pflichttermine. Spielen ja Bayernspieler mit ....

009 • TRILLERPFEIFE •

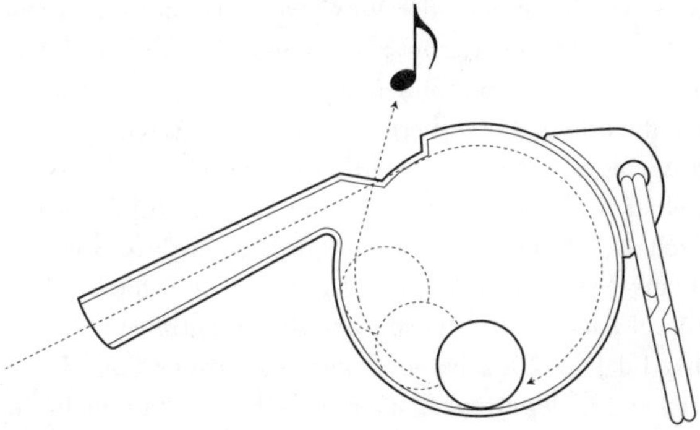

Die Trillerpfeife wird gelegentlich als Musikinstrument benutzt, in erster Linie jedoch als Signalpfeife. Sie besteht aus einem Luftkanal und einem Hohlraum, in dem ein beweglicher Körper das Trillern erzeugt, wenn man hineinpustet. Im Fußball nutzt der Schiedsrichter die Pfeife, um sich bemerkbar zu machen. Mit einem Pfiff beginnt das Spiel, mit einem Pfiff wird es unterbrochen und meist mit einem Pfiff fortgesetzt, mit einem Pfiff endet das Spiel. Zum Beenden eines Spieles, das im Elfmeterschießen entschieden wurde, spart sich der Schiedsrichter meist den letzten Pfiff.

010 • POKALDEBAKEL DES FC BAYERN MÜNCHEN •

Saison	Runde	Gegner	Ergebnis
1977/78	3	FC Homburg zweite Liga vs. FCB	3:1
1978/79	2	FCB vs. VfL Osnabrück zweite Liga	4:5
1979/80	3	SpVgg Bayreuth zweite Liga vs. FCB	1:0
1986/87	4	Fortuna Düsseldorf Bundesliga vs. FCB	3:0
1990/91	1	FV 09 Weinheim Oberliga vs. FCB	1:0
1991/92	1	FCB vs. FC Homburg zweite Liga	n.V. 2:4
1994/95	1	TSV Vestenbergsgreuth Regionalliga vs. FCB	1:0
2000/01	2	1. FC Magdeburg Oberliga vs. FCB	n.E. 5:3

Diego Simeone Im Viertelfinale der WM 1998 (England vs. Argentinien) sieht Beckham die erste rote Karte seiner Karriere, nachdem er Diego Simeone getreten hat. Simeone gibt später zu, übertrieben simuliert zu haben. England verliert 5:6 nach Elfmeterschießen .....
Elizondo Horacio Im Jahr 2000 sieht David Beckham die zweite rote Karte seiner Karriere. Diesmal passiert es während der Klubweltmeisterschaft, Manchester United spielt gegen Necaxa, eine Mannschaft aus Mexiko. Den roten Karton reckt Schiedsrichter Elizondo Horacio in die Höhe, er stammt aus Argentinien ....
Aldo Duscher Im Jahr 2002 beim Champions-League-Spiel Manchester United gegen Deportivo La Coruña sieht Beckham nicht die rote Karte, verlässt das Feld dennoch zu früh und betrübt. Der Argentinier Aldo Duscher hat ihm einen ordentlichen Tritt verpasst. Beckham bricht sich einen Zeh, und so richtig erholt er sich davon bis zur WM 2002 nicht. Randnotiz: Fifa-Boss Sepp Blatter (kein Argentinier, ein Schweizer) rügte nach der Partie öffentlich den Schiedsrichter, weil dieser Duscher nach dem Foul nicht die rote Karte gezeigt hatte. Der Schiedsrichter hieß Markus Merk (kein Argentinier, ein Deutscher) ....
Lionel Scaloni Im Jahr 2003 spielt Beckham für Real Madrid, und wieder geht es gegen die Freunde von Deportivo La Coruña. Der Argentinier Lionel Scaloni wirft Beckham vor, ihn mittels obszöner Gesten beleidigt zu haben. Ein Wort gibt das andere, jedenfalls rollen die beiden bald über den Rasen. Da man die Chance auf so eine solide Prügelei selten bekommt, greifen die Kollegen rasch handfest mit ein. Beckham nutzt die Gelegenheit, auch dem geschätzten Aldo Duscher noch ein, zwei Nettigkeiten zu sagen ....
José Luis Acciari Im Jahr 2004 steht ein harmloses Spiel gegen Real Murcia an. Für Beckham nicht ganz so harmlos, da bei Murcia ein Argentinier unter Vertrag steht. José Luis Acciari verpasst Beckham einen Tritt, so dass der Engländer eine Knöchelverletzung erleidet.

012 • DIE BEWERBER UM DIE EM 2012 •

Land • Verband	Präsident
Aserbaidschan AFFA	Kein Präsident gewählt
Kroatien, Ungarn HNS, MLSZ	Vlatko Markovic, Imre Bozóky
Griechenland HFF	Vassilis Gagatsis
Italien FIGC	Franco Carraio
Polen, Ukraine PZPN, FFU	Bartek Marks, Yiriy Barbash
Rumänien FRF	Mircea Sandu
Russland RFU	Alexandr Tschernow
Türkei TFF	Orhan Gorbon

013 • DIE TANGO-FAMILIE •

Zur WM 1978 wurde der „Tango“ entwickelt, ein wunderbarer Ball. Niemand konnte sehen, an welcher Stelle der Hülle die letzten Stiche gesetzt wurden, er wirkte perfekt. Zur WM 1982 kam der „Tango España“. Er bestand aus echtem Leder und war gewissermaßen das Oberhaupt einer Familie von Tangos. Weiterhin entwickelt wurden nämlich der „Tango Mundial“, ein im Windkanal erprobter Ball, der „Tango Alicante“, ein Ball für Flutlichtspiele, der „Tango Malaga“ für harte Plätze und der „Tango indoor“ – wie der Name andeutet, für den Hallenfußball erdacht. Es gab auch Tangos in Orange und in Gelb, aber darüber soll aus ästhetischen Gründen geschwiegen werden ....

014 • TORSCHÜTZENKÖNIGINNEN IN ÖSTERREICH •

2000/01	Maria Gstöttner SV Neulengbach	33 Tore
2001/02	Maria Gstöttner SV Neulengbach	34 Tore
2002/03	Maria Gstöttner SV Neulengbach	28 Tore
2003/04	Maria Gstöttner SV Neulengbach	26 Tore
2004/05	Maria Gstöttner SV Neulengbach	22 Tore

• TRAINERSTATIONEN VON RUDI GUTENDORF •

Rudi Gutendorf, Jahrgang 1926, erhielt für seine lange Reise durch das Leben und rund um die Welt das Bundesverdienstkreuz. Wegen seiner vielen Trainerstationen steht er im Guinness-Buch der Rekorde. Er interessierte sich zudem stets für mehr als Fußball. Zu den bekannteren Anekdoten zählt, dass er den ehemaligen chilenischen Staatspräsidenten Salvador Allende kennen lernte und den Schauspieler Klaus Kinski bei Dreharbeiten im Amazonas-Urwald besuchte. Rudi Gutendorf ist zum offiziellen Botschafter der Weltmeisterschaft 2006 ernannt worden. Sein Spitzname, oder besser: Kosename, lautet Weltenbummler.

1946–54	SV Rengsdorf, Kreisklasse	Deutschland
1954	Rot-Weiß Koblenz, Bezirksklasse	Deutschland
1954	VfB Lützel, Bezirksklasse	Deutschland
1954	SG Braubach, Kreisklasse	Deutschland
1954	TuS Neuendorf, Oberliga	Deutschland
1955	Blue Stars Zürich	Schweiz
1955–60	FC Luzern	Schweiz
1961	US Monastir	Tunesien
1962–63	TSV Marl-Hüls, Oberliga	Deutschland
1963–64	Meidericher SV	Deutschland
1965	VfB Stuttgart	Deutschland
1966–68	St. Louis Stars	USA
1968	Nationaltrainer	Bermudas
1968–70	FC Schalke 04	Deutschland
1970–71	Kickers Offenbach	Deutschland
1972	Sporting Cristal Lima	Peru
1972	Nationaltrainer	Chile
1974	TSV 1860 München	Deutschland
1974	Nationaltrainer	Bolivien
1974	FC Boliviar	Bolivien
1974	Nationaltrainer	Venezuela
1975	Real Valladolid	Spanien
1975–76	Fortuna Köln	Deutschland

1976	Nationaltrainer	Trinidad
1976	Nationaltrainer	Grenada
1976	Nationaltrainer	Antigua
1976	Nationaltrainer	Botswana
1976–77	Tennis Borussia Berlin	Deutschland
1977	Hamburger SV	Deutschland
1978	Nationaltrainer	Australien
1980	Leiter Fifa-Lehrgang	Philippinen
1980	Nationaltrainer	Neu-Kaledonien
1981	Leiter Trainer-Lehrgang	Fidschi
1981	Nationaltrainer	Nepal
1981	Nationaltrainer	Tonga
1981	Nationaltrainer	Tansania
1981–82	Yanga Daressalam	Tansania
1982	Trainerausbilder, Arysha	Tansania
1982–84	FC Youmiuri	Japan
1984	Hertha BSC Berlin	Deutschland
1984	Nationaltrainer	Sao Tomé und Principe
1985	Nationaltrainer	Ghana
1985	Nationaltrainer	Nepal
1986	Trainerausbilder	Nepal
1987	Trainerausbilder	Fidschi
1987	Nationaltrainer	Fidschi
1988	Trainerausbilder	China
1988	Trainer Olympiaauswahl	Iran
1991–92	Trainer Olympiaauswahl	China
1995–96	Nationaltrainer	Simbabwe
1997	Nationaltrainer	Mauritius
1998	Sportdirektor TuS Koblenz	Deutschland
1999	Nationaltrainer	Ruanda
2003	Frauen-Nationaltrainer	Samoa

• MITGLIEDSBEITRÄGE FÜR ERWACHSENE • 016

FC Bayern München 50 Euro pro Jahr plus 3 Euro Aufnahmegebühr ....
FC Schalke 04 25 Euro pro Jahr für 18- bis 29-Jährige • 50 Euro pro Jahr für 30- bis 60-Jährige plus 5 Euro Aufnahmegebühr ....
SV Werder Bremen 11 Euro pro Monat ....
Hertha BSC Berlin 5 Euro pro Monat ....
VfB Stuttgart 51 Euro pro Jahr • 33 Euro pro Jahr für Fans, die außerhalb Stuttgarts wohnen ....
Bayer 04 Leverkusen 30 Euro pro Jahr ....
Borussia Dortmund 62 Euro pro Jahr ....
Hamburger SV 48 Euro pro Jahr plus 15 Euro Aufnahmegebühr ....
VfL Wolfsburg 20 Euro pro drei Jahre • gratis für Dauerkartenbesitzer ....
Hannover 96 12 Euro pro Jahr für Mitglieder „Rote Kurve“ • 60 Euro pro Jahr für Fördermitglieder ....
FSV Mainz 05 78 Euro pro Jahr • 100 Euro für 1 Erwachsenen plus 1 Kind • 120 Euro für 1 Erwachsenen plus 2 Kinder • 150 Euro für 2 Erwachsene plus Kind • 170 Euro für 2 Erwachsene plus 2 Kinder ....
1. FC Kaiserslautern 5 Euro pro Monat plus ein Monatsbeitrag Aufnahmegebühr
Arminia Bielefeld 30 Euro pro halbes Jahr ....
1. FC Nürnberg 95 Euro pro Jahr • 60 Euro pro Jahr für Fans, die mehr als 50 km entfernt vom Stadion wohnen ....
Borussia M’gladbach 60 Euro pro Jahr plus 5 Euro Aufnahmegebühr ....
1. FC Köln 92 Euro pro Jahr für Fans, die weniger als 150 km entfernt wohnen (Doppelmitgliedschaft 1. FC Köln und Fanprojekt: 107 Euro pro Jahr) • 59,80 Euro pro Jahr für Fans, die mehr als 150 km entfernt oder im Ausland wohnen (Doppelmitgliedschaft 1. FC Köln und Fanprojekt: 76 Euro pro Jahr) ....
MSV Duisburg 37 Euro pro halbes Jahr ....
Eintracht Frankfurt 12 Euro pro Monat ....

• DER GEBORENE TORWART • 017

16. Oktober 1971: Geert de Vlieger, Belgien ....

018 • ES GIBT KEINE KLEINEN MEHR I •

Färöer Inseln Versuchten sich in der WM-Qualifikation 1994, 1998 und 2002. 2 Siege, 27 Niederlagen, 1 Unentschieden. Torverhältnis 15:94 ....

019 • ÜBER DEN KAMPF INS SPIEL FINDEN •

Adolf-Brühl-Kampfbahn .... Hammer SpVgg
Adolf-Jäger-Kampfbahn .... Altonaer FC 93
August-Bebel-Kampfbahn .... GSV Leipzig
August-Gerhold-Kampfbahn .... TSV Zierenberg
Glückauf-Kampfbahn .... FC Schalke 04 Jugend • Amateure
Grotenburg-Kampfbahn .... KFC Uerdingen
Hanseaten-Kampfbahn .... TS Woltmershausen
Hibernia-Kampfbahn .... PSV Recklinghausen
Hubert-Houben-Kampfbahn .... Preußen Krefeld
Kampfbahn Boelerheide .... SG Boelerheide
Kampfbahn Löchterheide .... SSV Buer
Kampfbahn Schwansbell .... Lüner SV
Kampfbahn Struckenberg .... TSV Fichte Hagen
Ludwig-Jahn-Kampfbahn .... TuS Brake
Max-Becker-Kampfbahn .... BSV Menden
Münzenberg-Kampfbahn .... Alemannia Aachen II
Nidda-Kampfbahn .... SG Frankfurt Nied
Otto-Müller-Kampfbahn .... SC Weißenfels

020 • GEFÜHLSECHT •

Kiswahili wird in Ostafrika gesprochen, es ist Amtssprache in Tansania, Kenia und Uganda. Spricht man in diesen Ländern vom Fußball, dann spricht man von Mpira. Das Wort bedeutet nicht nur Fußball und Leder, sondern auch Kondom ....

• REGELKUNDE I • 021

Offizielle Fifa-Regeln, aus Regel 10 (Wettbewerbsbestimmungen).

Wettbewerbsbestimmungen können für unentschieden ausgegangene Spiele nur folgende vom International FA Board genehmigte Vorgehensweisen zur Ermittlung eines Siegers festlegen: Auswärtstoreregel, Verlängerung, Schüsse von der Strafstoßmarke ....

• UNITED THEY STAND • 022

Sheffield United .... Gründungsjahr 1889
Newcastle United .... Gründungsjahr 1892
Scunthorpe United .... Gründungsjahr 1899
West Ham United .... Gründungsjahr 1900
Manchester United .... Gründungsjahr 1902
Carlisle United .... Gründungsjahr 1904
Southend United .... Gründungsjahr 1906
Hartlepool United .... Gründungsjahr 1908
Ayr United .... Gründungsjahr 1910
Leeds United .... Gründungsjahr 1919
Dundee United .... Gründungsjahr 1919
Torquay United .... Gründungsjahr 1921
Hereford United .... Gründungsjahr 1924
Rotherham United .... Gründungsjahr 1925
Boston United .... Gründungsjahr 1933
Peterborough United .... Gründungsjahr 1934
Colchester United .... Gründungsjahr 1937
Cambridge United .... Gründungsjahr 1951
Oxford United .... Gründungsjahr 1960
Airdrie United .... Gründungsjahr 2002

In Airdrie gab es bereits seit 1878 den Klub Airdrieonians FC, der sich jedoch 2002 in Airdrie United umbenannte.

023 • STOSSARTEN •

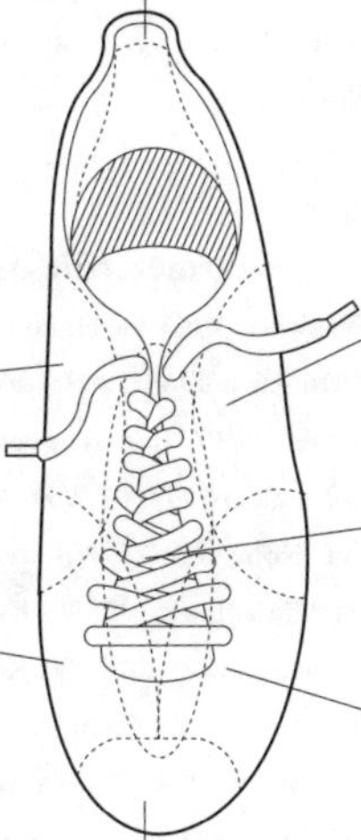

024 • ASIENMEISTER •

Der Asienmeister wird seit 1956 alle vier Jahre ermittelt. Ein Qualifikationsturnier entscheidet über die Teilnehmer der Asienmeisterschaft. Während des ersten Turniers 1956 wurden nur vier Länder zugelassen, heute sind es 16 Mannschaften, die sich aus 43 Teilnehmern qualifizieren.

1956 Südkorea • 1960 Südkorea • 1964 Israel • 1968 Iran • 1972 Iran • 1976 Iran • 1980 Kuwait • 1984 Saudi-Arabien • 1988 Saudi-Arabien • 1992 Japan • 1996 Saudi-Arabien • 2000 Japan • 2004 Japan ....

• ELFMETERTÖTER • 025

• Torhüter, die die meisten Elfmeter in der Bundesliga hielten •

Rudi Kargus Hamburger SV .... 23 von 76 30,3%
Harald Schumacher 1. FC Köln .... 18 von 89 20,2%
Norbert Nigbur FC Schalke 04 .... 17 von 65 26,2%
Andreas Köpke 1. FC Nürnberg .... 14 von 43 32,6%
Dieter Burdenski SV Werder Bremen .... 14 von 73 19,2%

• Torhüter, die zwei Elfmeter in einem Spiel hielten •

Peter Kunter Eintracht Frankfurt 1965/66 Hannover vs. Frankfurt ....* 4:1
Petar Radenkovic 1860 München 1969/70 Hertha BSC vs. 1860 München 4:2
Franz-Josef Pauly Hannover 96 1973/74 Wuppertal vs. Hannover 2:1
Fred Bockholt Kickers Offenbach 1974/75 1. FC Köln vs. Offenbach 0:1
Harald Schumacher 1. FC Köln 1974/75 VfB Stuttgart vs. 1. FC Köln 2:0
Wolfgang Kneib Borussia M'gladbach 1978/79 Kaiserslautern vs. Gladbach ... 1:3
Thomas Zander 1860 München 1979/80 1. FC Köln vs. 1860 München 2:1
Bernd Fuhr Karlsruher SC 1984/85 Gladbach vs. Karlsruhe 3:3
Ulrich Sude Borussia M'gladbach 1984/85 1. FC Köln vs. Gladbach 1:5
Ulrich Sude Borussia M'gladbach 1984/85 Bremen vs. Gladbach ....* 2:0
Gerald Ehrmann 1. FC Kaiserslautern 1984/85 Mannheim vs. Kaiserslautern .. 4:3

*Die Nachschüsse führten zu Toren.

• BOMBER DER NATION I • 026

Spieler	Land	Ligaspiele	Tore
Imre Schlosser	Ungarn	301	**411**

Ferencváros Budapest 1905–1915
MTK Budapest 1915–1922
Wiener AC 1925–1926
Ferencváros Budapest 1926–1927, 1933
FC Budapest 1927–1928

027 • ABMESSUNGEN DES SPIELFELDS •

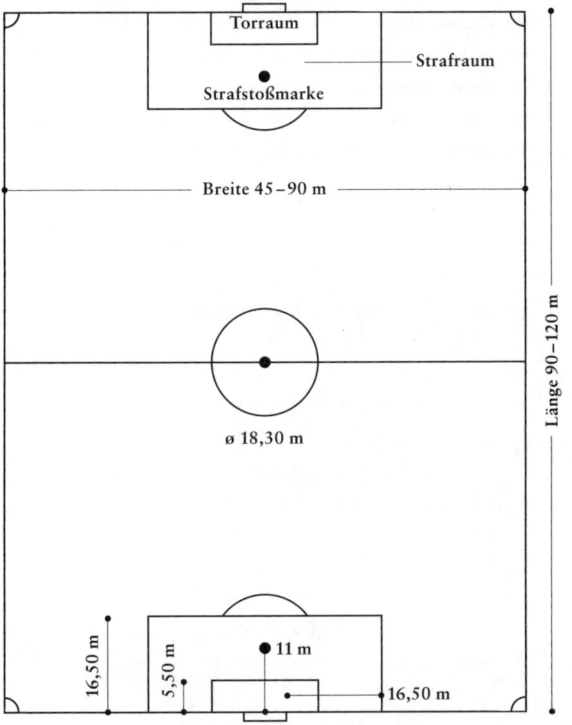

Welche Ausdehnung das Spielfeld haben darf, ist mal mehr, mal weniger streng geregelt. Ganz allgemein schreibt der DFB vor, dass das Feld zwischen 90 und 120 Meter lang sein darf und zwischen 45 und 90 Meter breit. Es ließe sich also regelgerecht auf einem Quadrat spielen. Bei Länderspielen gilt: Länge 100 bis 110 Meter, Breite 64 bis 75 Meter. Der DFB hat diesen allgemeinen Regeln eine Bestimmung mitgegeben, deren erster Satz lautet: Die übliche Größe des Spielfeldes ist: Länge 105 Meter, Breite 68 bis 70 Meter. Ganz wichtig: Selbstverständlich ist das Spielfeld rechtwinklig.

• HAMBURGER GEBET • 028

Ernst Happel wurde am 29. November 1925 in Wien geboren. Er starb am 14. November 1992 in Innsbruck. Er war als Spieler und als Trainer erfolgreich. Von 1981 bis 1987 trainierte er den Hamburger SV; mit dem Klub wurde er 1982 und 1983 Deutscher Meister, 1983 gewann er den Europapokal der Landesmeister. Die Hamburger Fans waren von Happel begeistert und widmeten ihm ein Gebet.

•

Happel Unser
Der du bist im Himmel
Geheiligt werde Dein Name
Dein Meister komme
Dein Wille geschehe
Wie im Himmel, so auch im Volkspark
Unser wöchentlich Spiel gib uns heute
Und vergib uns unser Bier
Wie auch wir vergeben unseren Brauereien
Und führe uns nicht zu St. Pauli
Sondern erlöse uns von den Bayern
Denn Dein ist der Ruhm
Und die Ehr'
Und der Eurocup
In Ewigkeit
Amen

•

• STERNE AUF DER BRUST I • 029

Ein türkischer Fußballverein erhält für jeweils fünf Meistertitel einen Stern.

Verein	Sterne	Titel
Fenerbahçe Istanbul	3	15
Besiktas Istanbul	2	10
Trabzonspor	1	6

Klubs, die häufig die Liga wechseln, werden gern Fahrstuhlmannschaften genannt.

Verein	Anzahl	Aufstieg	Abstieg
VFC Haladás	25	1936 1939 1942 1945 1962	1937 1941 1943 1960 1963
Ungarn		1966 1973 1981 1991	1972 1979 1990 1992
		1993 1995 2001	1994 2000 2002
		2003	
FC Viktoria Pilsen	23	1931 1946 1961 1967 1970	1938 1952 1963 1968 1971
Tschechoslowakei		1972 1986 1988 1993	1980 1987 1989 1999
		2000 2003 2005	2001 2004
Klubi sportiv	22	1936 1949 1951 1970 1972	1937 1950 1952 1971 1975
Besëlidhja Lezhë		1978 1980 1984 1987	1979 1983 1986 1990
Albanien		1993 2000	1996 2003
KV Mechelen	22	1921 1924 1926 1928 1963	1922 1925 1927 1956 1964
Belgien		1965 1971 1981 1983	1969 1977 1982 1997
		1999 2002	2001 2003
Leicester City FC	22	1908 1925 1937 1954 1957	1909 1935 1939 1955 1969
England		1971 1980 1983 1994	1978 1981 1987 1995
		1996 2003	2002 2004
Szegedi LC	22	1950 1956 1959 1966 1970	1954 1958 1965 1968 1971
Ungarn		1972 1975 1981 1983	1974 1978 1982 1985
		1990 1999	1991 2000
Stade Dudelange	22	1915 1919 1927 1930 1932	1916 1926 1929 1931 1933
Luxemburg		1936 1969 1973 1975	1968 1971 1974 1978
		1979 1982	1981 1986
CD Málaga	22	1949 1952 1954 1962 1965	1951 1953 1955 1963 1966
Spanien		1967 1970 1976 1979	1969 1975 1977 1980
		1982 1988	1985 1990

Stade Dudelange, Luxemburg, heißt seit 1991 F'91 Dudelange • CD Málaga, Spanien, wurde 1994 neu gegründet als CF Málaga.

SPIELER DES JAHRES IN DER DDR 031

Die Auszeichnung wurde seit 1963 von der Zeitschrift „Die Neue Fußballwoche“ vergeben.

1963 Manfred Kaiser .... Wismut Karl-Marx-Stadt
1964 Klaus Urbanczyk .... SC Chemie Halle
1965 Horst Weigang .... SC Leipzig
1966 Jürgen Nöldner .... ASK Vorwärts Berlin
1967 Dieter Erler .... FC Karl-Marx-Stadt
1968 Bernd Bransch .... Hallescher FC Chemie
1969 Eberhard Vogel .... FC Carl Zeiss Jena
1970 Roland Ducke .... FC Carl Zeiss Jena
1971 Peter Ducke .... FC Carl Zeiss Jena
1972 Jürgen Croy .... Sachsenring Zwickau
1973 Hans-Jürgen Kreische .... Dynamo Dresden
1974 Bernd Bransch .... Hallescher FC Chemie
1975 Jürgen Pommerenke .... 1. FC Magdeburg
1976 Jürgen Croy .... Sachsenring Zwickau
1977 Hans-Jürgen Dörner .... Dynamo Dresden
1978 Jürgen Croy .... Sachsenring Zwickau
1979 Joachim Streich .... 1. FC Magdeburg
1980 Hans-Ulrich Grapenthin .... FC Carl Zeiss Jena
1981 Hans-Ulrich Grapenthin .... FC Carl Zeiss Jena
1982 Rüdiger Schnuphase .... FC Carl Zeiss Jena
1983 Joachim Streich .... 1. FC Magdeburg
1984 Hans-Jürgen Dörner .... Dynamo Dresden
1985 Hans-Jürgen Dörner .... Dynamo Dresden
1986 René Müller .... 1. FC Lokomotive Leipzig
1987 René Müller .... 1. FC Lokomotive Leipzig
1988 Andreas Thom .... Berliner FC Dynamo
1989 Andreas Trautmann .... Dynamo Dresden
1990 Ulf Kirsten .... Dynamo Dresden
1991 Torsten Gütschow .... Dynamo Dresden

Aris Lemesos

• Zypern •

9 Ab- und Aufstiege in Serie

Abstieg 1997
Aufstieg 1998
Abstieg 1999
Aufstieg 2000
Abstieg 2001
Aufstieg 2002
Abstieg 2003
Aufstieg 2004
Abstieg 2005

SK Brann Bergen

• Norwegen •

8 Ab- und Aufstiege in Serie

Abstieg 1979
Aufstieg 1980
Abstieg 1981
Aufstieg 1982
Abstieg 1983
Aufstieg 1984
Abstieg 1985
Aufstieg 1986
....

RC Deportivo La Coruña

• Spanien •

7 Ab- und Aufstiege in Serie

Aufstieg 1962
Abstieg 1963
Aufstieg 1964
Abstieg 1965
Aufstieg 1966
Abstieg 1967
Aufstieg 1968
....
....

Drogheda United

• Irland •

7 Ab- und Aufstiege in Serie

Aufstieg 1994
Abstieg 1995
Aufstieg 1996
Abstieg 1997
Aufstieg 1998
Abstieg 1999
Aufstieg 2000

Hansa Rostock

• DDR •

6 Ab- und Aufstiege in Serie

Abstieg 1975
Aufstieg 1976
Abstieg 1977
Aufstieg 1978
Abstieg 1979
Aufstieg 1980
....

FC Haladás

• Ungarn •

6 Ab- und Aufstiege in Serie

Abstieg 1990
Aufstieg 1991
Abstieg 1992
Aufstieg 1993
Abstieg 1994
Abstieg 1995
....

RC Celta Vigo

• Spanien •

5 Ab- und Aufstiege in Serie

Abstieg 1975
Aufstieg 1976
Abstieg 1977
Aufstieg 1978
Abstieg 1979
....

KV Mechelen

• Belgien •

5 Ab- und Aufstiege in Serie

Aufstieg 1924
Abstieg 1925
Aufstieg 1926
Abstieg 1927
Aufstieg 1928
....

FC Birkirkara

• Malta •

5 Ab- und Aufstiege in Serie

Aufstieg 1983
Abstieg 1984
Aufstieg 1985
Abstieg 1986
Aufstieg 1987
....

• ANZÜGE DER BUNDESLIGISTEN • 033

Nicht nur auf dem Platz herrscht Uniformpflicht. Auf Dienstreisen tragen die Spieler von professionellen Fußballmannschaften den Klubanzug.

FC Bayern München .... Boss
FC Schalke 04 .... Stones
SV Werder Bremen .... Roy Robson
Hertha BSC Berlin .... Patrick Hellmann
VfB Stuttgart .... Boss
Bayer 04 Leverkusen .... Toni Gard
Borussia Dortmund .... Stones
Hamburger SV .... Boss
VfL Wolfsburg .... Roy Robson
Hannover 96 .... Herrenausstatter Erdmann
FSV Mainz 05 .... swisstex
1. FC Kaiserslautern .... Anzug Alex
Arminia Bielefeld .... Bugatti
1. FC Nürnberg .... Feraud
Borussia M'gladbach .... Gardeur
1. FC Köln .... cinque
MSV Duisburg .... Carlo Comberti
Eintracht Frankfurt .... Desch Fashion

• HEIM 1 – AUSWÄRTS 2 • 034

Bisher hat nur eine Mannschaft öfter den europäischen Landesmeisterpokal oder die Champions League gewonnen als den Titel in der heimischen Liga. Nottingham Forest wurde 1978 zum ersten und bislang einzigen Mal englischer Meister. 1979 gewann der Klub den Europokal der Landesmeister (im Finale in München 1:0 gegen Malmö FF). Als Sieger durfte Nottingham im folgenden Jahr wieder antreten und besiegte diesmal im Finale in Madrid den Hamburger SV, wiederum reichte ein 1:0 ....

035 • GÄNGIGER STADIONRASEN •

Saatmischung 10% Lolium Perenne 10% Festuca Rubra 80% Poa Pratensis **Boden auf Quarzsand gezogen** pH-Wert 6,3–7,0 oder **auf Rasentragschicht gezogen** pH-Wert 6,2–7,0 **4–5 Düngungen pro Jahr** starke Düngung im Oktober mit 100–150g/m² ....

036 • SIEGEN UND SPEISEN •

Das Menü bei der Champions-League-Feier des FC Bayern München im Münchner Restaurant „Käfer" am 24. Mai 2001.

•

Salat von Languste und Melone
mit Basilikum-Mascarpone

••

Gratinierte Spargelspitzen mit Parmesan,
San Daniele Schinken und altem Balsamico

•••

Milchkalbsrücken mit Salbei
gegrillt und gebratenen Pfifferlingen

••

Herzkirschen mit Holunderblütensorbet und
Mousse von Grießflammerie

•

2000er Chardonnay Dell'Umbria D.O.C. Lungarotti
1992er Rubesco Riserva Vigna „Monticchio"
D.O.C.G. Lungarotti

•

037 • ES GIBT KEINE KLEINEN MEHR II •

Macao Versuchte sich in der WM-Qualifikation 1994, 1998 und 2002. 1 Sieg, 16 Niederlagen, 1 Unentschieden. Torverhältnis 6:105.

China Das antike Fußballspiel „Tsu Chu“ entwickelte sich während der Herrschaft des Kaisers Huang-Ti (2500 v. Chr.) und wurde u.a. anlässlich seiner Geburtstage vor dem Palast zelebriert. Ein Netz aus Seide wurde zwischen Bambuspfählen gespannt, und die Spieler versuchten, den Ball im Netz unterzubringen. Frei übersetzt bedeutet Tsu „einen Ball mit Füßen treten“ und Chu „ausgestopfter Ball aus Tierhäuten“ ....

Ägypten Eine Sargzeichnung aus dem alten Ägypten – datiert 2000 v. Chr. – zeigt einen Mann, der mit einem Ball mit rund 15 cm Durchmesser jongliert. Ob er noch Mitspieler akzeptierte, zeigt die Zeichnung nicht ....

Japan Die Japaner kannten ein Spiel namens „Kemari“, das zwischen 600 v. Chr. und 300 n. Chr. Erwähnung findet. Bereits der heutigen Form des Fußballspiels recht ähnlich, wurde es im „Kemari Asobi“, das bis ins 15. Jhd. gespielt wurde, noch verfeinert. Die Hintergründe sind verworren: Politisches und Religiöses spielte ebenso eine Rolle wie der Ehrenkodex der Samurai. Eindeutig war hingegen das Ziel des Spiels: Es galt, einen Ball zwischen zwei Pfosten zu platzieren ....

Antike Im frühen sechsten Jhd. v. Chr. spielten die Griechen eine Mischung aus Fuß- und Handball und nannten diese Mischung „Episkyros“. Die Römer kannten einen ähnlichen Wettbewerb namens „Harpastum“, der begeistert im ganzen römischen Reich ausgetragen wurde, in Frankreich gar bis ins fünfte Jhd. n. Chr. ....

Vor-kolumbianische Zivilisation Bis ins 16. Jhd. wurden Fußballspiele in Mexiko und Zentralamerika von Azteken, Mayas und Zapoteken betrieben. An Spielfeldern nahe ihren Tempeln gaben religiöse Führer Anweisungen an die Spieler, von denen manche nach einem verlorenen Match auf dem Altar geopfert wurden ....

Italien der Renaissance Eine Mischung aus Rugby, Fußball und American Football wurde in Florenz im 15. und 16. Jhd. populär.

Das Spiel ist bekannt als „Giuoco del Calcio fiorentino“ und wurde vornehmlich von Aristokraten gespielt. Ursprünglich diente ein abgeschlagener Kopf als Spielball. Heute, da das Spiel noch immer als Touristenattraktion vorgeführt wird, verzichtet man auf Enthauptungen zur Ballgewinnung ....

England Im so genannten Mutterland des Fußballs begannen die Normannen 1066 mit dem Spiel, das schnell zum beliebten Städtevergleich herangezogen wurde und selbst dann nicht an Popularität verlor, als König Edward II. es 1314 verbot. Ihm schien das Spiel zu brutal zu sein. Von der Monarchie anerkannt wurde es erst 1618. König James I. (und VI. von Schottland) empfahl den Fußball nach dem sonntäglichen Kirchgang ....

Amerikanische Ureinwohner In Neuengland entdeckten die Pilger Ureinwohner, die ein Spiel mit dem Ball betrieben. Ihren Wettstreit nannten sie „Pasuckquakkohowog“ und trugen ihn auf dem harten Sand des Watts bei Ebbe aus. Vieles war damals schon wie heute: Zwei Mannschaften traten an, Waffen waren verboten, und Wetten auf den Spielausgang wurden angenommen. Die Indianer in Oklahoma spielten Fußball, wenn sie die Getreideernte feierten ....

Amerikanische Kolonien In Jamestown, Virginia, wurde um 1600 recht früh nach der Errichtung der ersten Siedlungen auf amerikanischem Boden eine Art Fußball gespielt. Auch hier wurde der Fußball jedoch verboten und nur noch sporadisch gespielt, bis 1827 Harvard-Studenten den Sport erneut gesellschaftsfähig machten. 1860 verbot die Universität das Spiel dann wieder ....

Das moderne Spiel Am 26. Oktober 1863 trafen sich Repräsentanten von 14 Londoner Klubs und Schulen in der Freemasons’ Tavern in der Great Queen Street, nahe Lincoln Inn Field, gründeten die Football Association und verfassten das erste vollständige Regelwerk. 1871 wurde die Football Association Challenge der erste organisierte Wettbewerb der Welt ....

• NATIONALMANNSCHAFTEN EUROPAS IN FARBE • 039

Land	Hemd • Applikationen	Hose	Stutzen
Albanien	Rot • Schwarz	Schwarz	Rot
Andorra	Gelb • Rot und Blau	Rot	Blau
Armenien	Rot • Blau	Blau	Orange
Aserbaidschan	Weiß • Blau-Rot-Grün	Blau	Weiß
Belgien	Rot • Schwarz-Gelb	Rot	Rot
Bosnien-Herzegowina	Weiß •Blau	Blau	Weiß
Bulgarien	Weiß • Grün-Rot	Grün	Rot
Dänemark	Rot • Weiß	Weiß	Rot
Deutschland	Weiß • Schwarz	Schwarz	Weiß
England	Weiß • Rot	Blau	Weiß
Estland	Blau • Schwarz	Schwarz	Weiß
Färöer Inseln	Weiß • Blau-Rot	Blau	Weiß
Finnland	Weiß • Blau	Blau	Weiß
Frankreich	Blau • Weiß-Rot	Weiß	Rot
Georgien	Weiß	Schwarz	Weiß
Griechenland	Blau • Weiß	Blau	Blau
Irland	Grün • Weiß	Weiß	Grün
Island	Blau • Weiß	Weiß	Blau
Israel	Himmelblau • Weiß	Weiß	Himmelblau
Italien	Blau	Weiß	Blau
Kasachstan	Blau • Gelb	Blau	Gelb
Kroatien	Rote und Weiße Karos	Weiß	Blau
Lettland	Rot • Weiß	Weiß	Rot
Liechtenstein	Blau • Weiß	Rot	Blau
Litauen	Gelb • Grün	Grün	Rot
Luxemburg	Rot • Weiß	Weiß	Blau
Malta	Rot • Weiß	Weiß	Rot
Mazedonien	Rot • Gelb	Rot	Rot
Moldawien	Gelb • Rot-Blau	Blau	Rot
Niederlande	Orange • Weiß	Weiß	Orange

Stutzen	Hose	Hemd • Applikationen	Land
Grün	Weiß	Grün • Weiß	Nordirland
Blau	Weiß	Rot • Blau	Norwegen
Weiß	Schwarz	Weiß • Schwarz	Österreich
Weiß	Rot	Weiß • Rot	Polen
Rot	Grün	Rot • Grün	Portugal
Gelb	Gelb	Gelb • Rot-Blau	Rumänien
Rot	Gelb	Weiß • Blau-Rot	Russland
Himmelblau	Weiß	Himmelblau • Weiß	San Marino
Dunkelblau	Weiß	Dunkelblau • Weiß	Schottland
Gelb	Blau	Gelb • Blau	Schweden
Rot	Weiß	Rot • Weiß	Schweiz
Rot	Weiß	Blau • Weiß-Rot	Serbien und Montenegro
Blau	Blau	Blau • Weiß	Slowakei
Weiß	Grün	Weiß • Grün	Slowenien
Schwarz	Blau	Rot • Gelb	Spanien
Blau	Weiß	Rot • Weiß-Blau	Tschechische Republik
Rot	Rot	Rot • Weiß	Türkei
Gelb	Blau	Gelb • Blau	Ukraine
Grün	Weiß	Rot • Weiß-Grün	Ungarn
Rot	Weiß	Rot • Weiß	Wales
Weiß	Grün	Weiß • Grün-Rot	Weißrussland
Blau	Weiß	Blau • Weiß	Zypern

040 • AMERIKA •

Lothar Matthäus' Antrittsrede bei den New York Metro Stars, März 2000.

I have little problems with the language, my English is not very good. My German is better. And I hope in the next months I can learn English for understand all questions. And I hope we have a little bit lucky and can win next year the American soccer championships ....

• TABELLENNACHBARN • 041

Rumänien 1983/84, Divizia C, Seria A VIII-A.

Platzierung • Verein	Spiele	S	U	N	T	P
01. Muresul Deva *Aufgestiegen*	30	16	6	8	53:33	38
02. UMT Timisoara	30	14	3	13	57:37	31
03. Mecanica Orastie	30	15	1	14	49:53	31
04. Minerul Paroseni	30	13	5	12	41:46	31
05. Minerul Moldova-Noua	30	14	2	14	41:39	30
06. Minerul Stiinta Vulcan	30	13	4	13	38:47	30
07. Metalul Bocsa	30	13	3	14	40:32	29
08. Dacia Orastie	30	11	7	12	58:50	29
09. Minerul Certej	30	13	3	14	48:47	29
10. Metalul Otelu-Rosu	30	14	1	15	38:40	29
11. Minerul Anina	30	13	3	14	46:48	29
12. Victoria Calan	30	13	3	14	35:37	29
13. Constructorul Timisoara	30	13	3	14	57:62	29
14. Minerul Oravita	30	13	3	14	39:45	29
15. Minerul Ghelar *Abgestiegen*	30	12	5	13	35:52	29
16. Minerul Aninoasa *Abgestiegen* ...	30	11	6	13	32:39	28

Eine engere Tabelle wurde bislang nicht entdeckt. Neun Mannschaften kamen auf die gleiche Punktzahl. Den Vorletzten und den Zweiten trennten zwei Punkte. Bemerkenswert erscheint ferner, dass acht Mannschaften das Wort *Minerul* im Namen führen.

• EUROPAMEISTER • 042

1960 und 1964 hieß der Wettbewerb „Europapokal der Länder", seit 1968 heißt er Europameisterschaft.

1960 Sowjetunion • 1964 Spanien • 1968 Italien • 1972 Deutschland • 1976 Tschechoslowakei • 1980 Deutschland • 1984 Frankreich • 1988 Niederlande • 1992 Dänemark • 1996 Deutschland • 2000 Frankreich • 2004 Griechenland ....

043 • BOMBER DER NATION II •

Spieler	Land	Ligaspiele	Tore
Silvio Piola	Italien	537	**274**

Pro Vercelli 1929–1934
Lazio Rom 1934–1943
AC Turin 1944
Novara Calcio 1945
Juventus Turin 1945–1947
Novara Calcio 1947–1954

044 • FUSSFEHLER •

Spreizfuß Auseinanderspreizung der Mittelfußknochen. Durch das Absenken der Mittelfußknochenenden wird die Weichteilstruktur der Sohle geändert. Durchgetretenes Quergewölbe. Folge: Schwielenbildung und weitere Beschwerden ....

Senkfuß Form der muskulären Fußschwäche, die aus dem Nachgeben des Längsgewölbes resultiert. Hervortreten des Kahnbeins. Ursache: Lockerung der Längsverspannung in der Fußsohle, Fußwurzelknochen verlagern sich nach innen, dadurch Abflachung. Folge: schmerzhafte Ausstrahlungen bis in die Hüfte und den Rücken ....

Plattfuß Fußdeformation, bei der der Fuß über seine gesamte Fläche abrollt, der Vorfuß sich nach außen dreht und das Fersenbein nach innen knickt. Kahnbein tritt hervor. Adduktion des Vorfußes, Schiefgroßzehe. Ursache: angeboren oder als Folge von Lähmung. Folge: schmerzhafte Ausstrahlungen bis in den Kopf ....

Hohlfuß Umgekehrte Deformation: kein Durchtreten, sondern ein hoher steiler Rist und angezogene Krallenzehen. Trittspur weist kaum Verbindung zwischen Vor- und Rückfuß auf. Ursache: plantare Bänder und Plantaraponlurose (Fußsohlenblatt) lassen keine Streckung des Längsgewölbes zu ....

• EHEMALIGE • 045

Albert Camus .... Philosoph

Ehemals Torwart bei Racing Universitaire d'Algier ....

•••

Julio Iglesias .... Schlagersänger

Ehemals Torhüter bei Real Madrid, Jugend ....

•••

Marcel Reif .... Fernseh-Kommentator

Ehemals Verteidiger beim 1. FC Kaiserslautern, Jugend ....

•••

Gerhard Schröder .... Bundeskanzler

Ehemals Mittelstürmer beim TuS Talle ....

•••

Rod Stewart .... Sänger

Ehemals Stürmer beim FC Brenton ....

•••

Edmund Stoiber .... Bayerischer Ministerpräsident

Ehemals Mittelläufer bei BCF Wolfratshausen ....

•••

Jack White .... Schlagerproduzent

Ehemals als Horst Nußbaum Mittelfeldspieler bei Tennis Borussia Berlin ....

•••

Robbie Williams .... Sänger

Ehemals Mittelfeldspieler beim FC Port Vale ....

•••

Karol Wojtyla .... Papst Johannes Paul II.

Ehemals Torhüter beim FC Wadowice. Spitzname „Lolek" ....

•••

Sönke Wortmann .... Regisseur

Ehemals Mittelfeldspieler bei der SpVgg Erkenschwick ....

•••

•

• BUNTE LIGA • 047

In ganz Deutschland wird in Freizeitligen gekickt. Manche nehmen das recht ernst, andere gehen die Sache eher locker an, was dazu führt, dass ihnen schöne Vereinsnamen einfallen.

Juventus Urin • Wismut Haue • Ajax Aus der Traum • Egal Madrid • Hinter Mailand • FC/DC • Dynamo Tresen • Hertha BSE • Preußen Künstler • Sturm Gras • Lazio Koma • Becks Street Boys • FC KW • FC Sehr Roberto • Die 11 Apostel • Hellas Corona ......

• DIENSTLICH UNTERWEGS • 048

Zu den Annehmlichkeiten des Daseins als Fußballprofi gehört ein Dienstwagen. Die Spieler und Trainer des FC Bayern München fahren in der Saison 2005/06 Audi. Zé Roberto war, weil in der Sommerpause zunächst unklar blieb, ob er den Verein verlassen würde, noch nicht dazu gekommen, sich einen Wagen zu bestellen.

Felix Magath **Modell** A8 Limousine **Farbe** Lichtsilber Metallic **Motor** 6.0 quattro tiptronic **Leistung** .... **450 PS**

Oliver Kahn **Modell** A8 Limousine **Farbe** Brillantschwarz **Motor** 6.0 quattro tiptronic **Leistung** .... **450 PS**

Lúcio **Modell** A8 Limousine **Farbe** Lichtsilber Metallic **Motor** 6.0 quattro tiptronic **Leistung** .... **450 PS**

Roy Makaay **Modell** A8 Limousine **Farbe** Ebonyschwarz Perleffekt **Motor** 6.0 quattro tiptronic **Leistung** .... **450 PS**

Claudio Pizarro **Modell** A8 Limousine **Farbe** Phantomschwarz Perleffekt **Motor** 6.0 quattro tiptronic **Leistung** .... **450 PS**

Willy Sagnol **Modell** A8 Limousine **Farbe** Ebonyschwarz Perleffekt **Motor** 6.0 quattro tiptronic **Leistung** .... **450 PS**

Mehmet Scholl **Modell** S4 Limousine **Farbe** Phantomschwarz Perleffekt **Motor** 4.2 quattro tiptronic **Leistung** .... **344 PS**

Michael Ballack **Modell** S4 Cabriolet **Farbe** Arktisweiß **Motor** 4.2 quattro 6-Gang **Leistung** .... **344 PS**

Sebastian Deisler **Modell** S4 Avant **Farbe** Lichtsilber Metallic **Motor** 4.2 quattro tiptronic **Leistung** .... **344 PS**

Andreas Görlitz **Modell** S4 Limousine **Farbe** Phantomschwarz Perleffekt **Motor** 4.2 quattro tiptronic **Leistung** .... **344 PS**

Paolo Guerrero **Modell** S4 Limousine **Farbe** Delfingrau Metallic **Motor** 4.2 quattro tiptronic **Leistung** .... **344 PS**

Michael Rensing **Modell** S4 Limousine **Farbe** Phantomschwarz Perleffekt **Motor** 4.2 quattro tiptronic **Leistung** .... **344 PS**

Philipp Lahm **Modell** S4 Limousine **Farbe** Phantomschwarz Perleffekt **Motor** 4.2 quattro tiptronic **Leistung** .... **344 PS**

Bixente Lizarazu **Modell** A6 Avant **Farbe** Phantomschwarz Perleffekt **Motor** 4.2 quattro tiptronic **Leistung** .... **335 PS**

Martin Demichelis **Modell** A6 Limousine **Farbe** Brillantschwarz **Motor** 4.2 quattro tiptronic **Leistung** .... **335 PS**

Owen Hargreaves **Modell** A6 Avant **Farbe** Phantomschwarz Perleffekt **Motor** 4.2 quattro tiptronic **Leistung** .... **335 PS**

Valérien Ismaël **Modell** A8 Limousine **Farbe** Austerngrau Metallic **Motor** 4.2 quattro tiptronic **Leistung** .... **335 PS**

Jens Jeremies **Modell** A6 Avant **Farbe** Phantomschwarz Perleffekt **Motor** 4.2 quattro tiptronic **Leistung** .... **335 PS**

Ali Karimi **Modell** A6 Avant **Farbe** Phantomschwarz Perleffekt **Motor** 4.2 quattro tiptronic **Leistung** .... **335 PS**

Hasan Salihamidzic **Modell** A6 Avant **Farbe** Phantomschwarz Perleffekt **Motor** 4.2 quattro tiptronic **Leistung** .... **335 PS**

Roque Santa Cruz **Modell** A6 Limousine **Farbe** Phantomschwarz Perleffekt **Motor** 4.2 quattro tiptronic **Leistung** .... **335 PS**

Bastian Schweinsteiger **Modell** A6 Avant **Farbe** Brillantschwarz **Motor** 4.2 quattro tiptronic **Leistung** .... **335 PS**

Seppo Eichkorn **Modell** A6 Avant **Farbe** Nordlichtblau Perleffekt **Motor** 3.0 TDI quattro tiptronic **Leistung** .... **225 PS**

Jan Schlösser **Modell** A4 Cabriolet **Farbe** Amulettrot **Motor** 2.5 TDI multitronic **Leistung** .... **163 PS**

• • •

• DAS TOR • 049

Ein Fußballtor ist 7,32 Meter breit und 2,44 Meter hoch. Diese krumme Zahl entspringt keineswegs einem Funktionärsirrsinn, sondern geht auf die Festlegung der Maße in England zurück, wo man das metrische System noch immer eher gering schätzt. Die Maße dort sind: Breite 24 Fuß, Höhe acht Fuß. Damit könnte alles zum Tor gesagt sein, doch es gibt viele, viele Regeln, die das Tor betreffen. Sehr schön dabei die DFB-Regel 1 (Das Spielfeld), die vorschreibt, dass Pfosten und Latte weiß sein müssen. Das Schöne daran erschließt sich erst beim Lesen einer DFB-Anweisung zum Spielbetrieb, wonach „bei Toren aus Metall die natürliche Silberfarbe zulässig ist". Für den Spielbetrieb empföhle sich also ein Tor aus Aluminium in Mattsilber, eloxiert, mit vielen Sicherheitszonen, Ovalprofile entsprechend DIN 7900 und 500 Millimeter tiefen Bodenhülsen. Im ausgewählten Tor-Fachhandel ist mit folgenden Preisen zu rechnen (Lieferung frei Haus): ....

Alu .... Euro 839
Alu weiß .... Euro 890
Alu eloxiert, eckverschweißt .... Euro 942
Alu weiß, eckverschweißt .... Euro 993

• DIE AFRIKAMEISTER • 050

Seit 1957 wird die Afrikameisterschaft ausgespielt, sie ist damit älter als die Europameisterschaft. Die Teilnehmerzahl stieg kontinuierlich, seit 1998 spielen 16 Mannschaften mit.
1957 Ägypten • 1959 Ägypten • 1962 Äthiopien • 1963 Ghana • 1965 Ghana • 1968 Demokratische Republik Kongo • 1970 Sudan • 1972 Republik Kongo • 1974 Zaire • 1976 Marokko • 1978 Ghana • 1980 Nigeria • 1982 Ghana • 1984 Kamerun • 1986 Ägypten • 1988 Kamerun • 1990 Algerien • 1992 Elfenbeinküste • 1994 Nigeria • 1996 Südafrika • 1998 Ägypten • 2000 Kamerun • 2002 Kamerun • 2004 Tunesien ....

• WM-SONG DER DDR •

1974 nahm die DDR an der Fußball-Weltmeisterschaft teil. Dazu gab es auch einen WM-Song von Frank Schöbel (Text: Dieter Schneider), der den harmlosen Titel trug: „Ja, der Fußball ist rund wie die Welt“. Ganz heimlich war der Text ein wenig subversiv, denn der Fußball mag zwar rund wie die Welt sein, was aber noch lange nicht hieß, dass man diese Welt bereisen durfte. Im Text heißt es dazu: „Alle fiebern mit zu Haus“. Auch die Zeile „Keiner soll im Abseits stehen“ kann man politisch verstehen.

•

Heute wird was los sein
Heute müsst ihr groß sein
Heute, wenn das Spiel beginnt
Seht, wie sie sich drängen – Oben auf den Rängen
Es ist wahr, wer wagt, gewinnt
Jagt das runde Leder – Tore sehn will jeder
Keiner soll im Abseits stehn
Bringt das Spiel ins Rollen
Wie es alle wollen
Lasst euch keinen Ball entgehn
Heute wolln wir sehen – Wie die Chancen stehen
Alle fiebern mit zu Haus
Lasst den Fußball leben – Tore soll es geben
Lasst nicht einen Ball ins Aus
Unser Herz wird mit euch sein
Nein, ihr spielt nicht allein

•

Ja, der Fußball ist rund wie die Welt – Überall rollt der Ball

•

Und wenn einer zum anderen hält
Trifft der Ball, klarer Fall

•

Und wenn einer zum anderen hält
Trifft der Ball, klarer Fall

Hund Pickles, englischer Nationalheld, buddelte den am 20. März 1966 aus einer Ausstellung in London gestohlenen Coupe Jules Rimet, den damaligen Pokal für den Weltmeister, in einem Garten aus und rückte ihn im Tausch gegen einen Knochen wieder heraus. Das war acht Tage nach dem Diebstahl ....

Schildkröte Selbst die Warnung, beim Betreten des Stadions verhaftet werden zu können, hielt viele hundert Fans von Flamengo Rio de Janeiro nicht davon ab, dem Spieler Edmundo, genannt „Das Tier", zu huldigen und 1995 immer wieder allerhand Getier, so auch eine riesige Schildkröte – stilecht geschmückt mit den Farben des Vereins –, mit auf die Ränge zu nehmen ....

Geier Als es einem Geier in seinem Vogelreservat auf den Kanarischen Inseln recht langweilig wurde, flog er davon. Man schrieb das Jahr 1995. Es war ein großer Geier, er streckte seine Flügel auf eine Spannweite von gut zwei Metern. Sein Flug führte ihn zu einem Fußballfeld auf Teneriffa, auf dem gerade gespielt wurde. Der Geier griff erst den Schiedsrichter an, dann mehrere Spieler. Glücklicherweise wurde niemand ernsthaft verletzt ....

Schäferhund Am 9. September 1969, beim Revierderby zwischen Dortmund und Schalke, geschah es, dass Friedel Rausch in der Torfreude über das von Hansi Pirkner erzielte Schalker 1:0 ein Stück einer Pobacke verlor. Als er der das Spielfeld umgebenden Laufbahn zu nahe kam, konnte ein Dortmunder Ordner seinen Hund nicht festhalten, der erst Gerd Neuser in die Wade biss und dann Friedel Rausch in den Hintern. Beim Rückspiel waren die Schalker Ordner bestens gewappnet und liefen mit vier echten Löwen an der Seitenlinie auf ....

Pferde 1990 sagte Saudi-Arabien seine Teilnahme am Golf-Cup in Kuwait ab, da die Veranstalter im Logo zwei Pferde abbildeten, die traditionell die Niederlage saudischer Stämme gegen Kuwait im Jahre 1919 symbolisieren ....

Möwe Als Danny Worthington, 13-jähriger Stürmer der Stalybridge Celtic Colts, in einem Jugendspiel im Jahr 1999 einen Volleyschuss außerhalb des Sechzehnmeterraums abgegeben hatte, rechnete er nicht mit einem Torerfolg. Zu unglücklich verlief die Flugbahn des Balles. Doch plötzlich griff eine Möwe ins Spiel ein, sie senkte im Flug den Kopf, und vom kleinen Kopf der Möwe prallte der Ball ins Tor. Der Schiedsrichter gab den Treffer, die Möwe nahm sich einige Minuten zur Erholung und flog weiter ....

Schmetterling Hunderttausende schwarzer Schmetterlinge störten das WM-Qualifikationsspiel zwischen Kamerun und Guinea 1993 (3:1) und verließen das Stadion erst nach dem Abpfiff ....

Amsel Dass Vögel das Spielfeld entern, kommt recht häufig vor. Manchmal werden sie auch von Spielern – wie im bekannten Fall von Sepp Maier und der Taube – gejagt. Selten verweilen sie länger. Einmal doch: Als Schweden im WM-Viertelfinale 1938 in Paris nach schneller Führung (Arne Nyberg nach 35 Sekunden) von den Ungarn komplett auseinander genommen wurde, konzentrierte sich das Spiel derart auf ein Tor, dass eine Amsel die Rekordzeit von neun Minuten ungestört in der ungarischen Hälfte verbringen durfte. Endergebnis: 1:5 ....

Adler Einen Motivationstrick hatte sich Klaus Toppmöller in der Spielzeit 1993/94 überlegt, er war Trainer von Eintracht Frankfurt. Kurz vor Spielbeginn rief er in der Kabine seine Mannen zusammen, hieß sie hinsetzen und verschwand im Nebenraum. Als er zurückkehrte, saß auf seinem Arm ein Adler, ein echter Adler. Frankfurt erreichte dann immerhin ein 2:2 gegen den FC Bayern München ....

053 • ES GIBT KEINE KLEINEN MEHR III •

San Marino Versuchte sich in der WM-Qualifikation 1994, 1998 und 2002. 0 Siege, 26 Niederlagen, 2 Unentschieden. Torverhältnis 5:120.

Deutsches Stadion Berlin – 1913 als „Kaiser Wilhelm Stadion" eröffnet, 1934 abgerissen. Was bleibt: die historische Bedeutung als erstes deutsches Olympiastadion, obwohl die Spiele 1916 abgesagt wurden ....
Wankdorfstadion I. Bern – 1925 eröffnet, vor der WM 1954 abgerissen • II. Bern – 1954 eröffnet, 2001 abgerissen. Was bleibt: das Wunder von Bern ....
Hertha-Platz am Gesundbrunnen genannt „An der Plumpe" • Berlin – Mitte der 1970er Jahre abgerissen. Was bleibt: die historische Bedeutung als erstes Stadion von Hertha BSC Berlin ....
Stadion der Weltjugend Berlin – 1950 als „Walter-Ulbricht-Stadion" eröffnet, 1992 bis 1994 abgerissen. Was bleibt: ein Areal, das als Golf- und Beachvolleyballplatz sowie als BMX-Strecke genutzt wird ....
Sportplatz am Rothenbaum Hamburg – 1910 vom Hamburger Fußball-Club (später im HSV aufgegangen) gepachtet, 1994 Abrissbeginn. Was bleibt: die historische Bedeutung als erster Spielort des Hamburger SV ....
Volksparkstadion Hamburg – 1953 eröffnet, ab 1998 in vier Abschnitten abgerissen. Was bleibt: der Standort für das neue Stadion, die Rasenfläche wurde um 90 Grad gedreht ....
Stadion an der Jakobshöhe Bayreuth – 1925 eröffnet, 2000 abgerissen. Was bleibt: das Eingangstor, darüber der Schriftzug „Spielvereinigung".
Ernst-Thälmann-Stadion Potsdam – 1948 errichtet, 2001 abgerissen. Was bleibt: ein Lustgarten an gleicher Stelle ....
Rheinstadion Düsseldorf – 1926 eröffnet, 2002 abgerissen. Was bleibt: dass man auf niederländischen Autobahnen über das Rheinstadion fährt; der Schutt wurde dort als Straßenbaumaterial verwendet ....
Parkstadion Gelsenkirchen – 1973 eröffnet, 2002 teilweise abgerissen. Was bleibt: die Erinnerung an das Stadion als Ort des traurigsten Erfolgs der jüngeren Geschichte des FC Schalke 04, die „Meisterschaft der Herzen" 2001, sprich: der zweite Platz ....
Wembley-Stadion London – als Empire Stadion 1923 eröffnet, 2003 abgerissen. Was bleibt: Ärger englischer Fans, denn ein Deutscher, Dietmar Hamann, schoss das letzte Tor ....

Ernst-Grube-Stadion Magdeburg – 1955 eröffnet, 1957 fertiggestellt, 2005 abgerissen. Was nicht mehr bleibt: 150.000 Kubikmeter Weltkriegsschutt, die für den Tribünenbau benutzt worden waren ....

055 • OHNE VOKAL •

Einige italienische Nationalspieler, die nicht mit einem Vokal enden.

Roberto Anzolin .... Juventus Turin
Paolo Barison .... AS Rom
Enzo Bearzot .... Inter Mailand, AC Turin
Gianfranco Bedin .... Inter Mailand
Albertino Bigon .... AC Mailand
Ivano Blason .... AC Triest
Ivano Bordon .... Inter Mailand, Sampdoria Genua
Gianluigi Buffon .... AC Parma, Juventus Turin
Lorenzo Buffon .... Inter Mailand
Tarcisio Burgnich .... Inter Mailand
Sandro Cois .... AC Florenz
Mario David .... AC Mailand
Diego Fuser .... AS Rom
Guido Gratton .... AC Florenz
Francesco Janich .... FC Bologna
Roberto Marangon .... AS Rom
Carlo Mattrel .... US Palermo
Gianfranco Petris .... AC Florenz
Omero Tognon .... AC Mailand
Paride Tumburus .... FC Bologna
Pietro Vierchowod .... AC Florenz, Sampdoria Genua
Antonio Vojak .... SSC Neapel
Giuseppe Wilson .... Lazio Rom
Dino Zoff .... Juventus Turin

HISTORISCHE SPIELSYSTEME

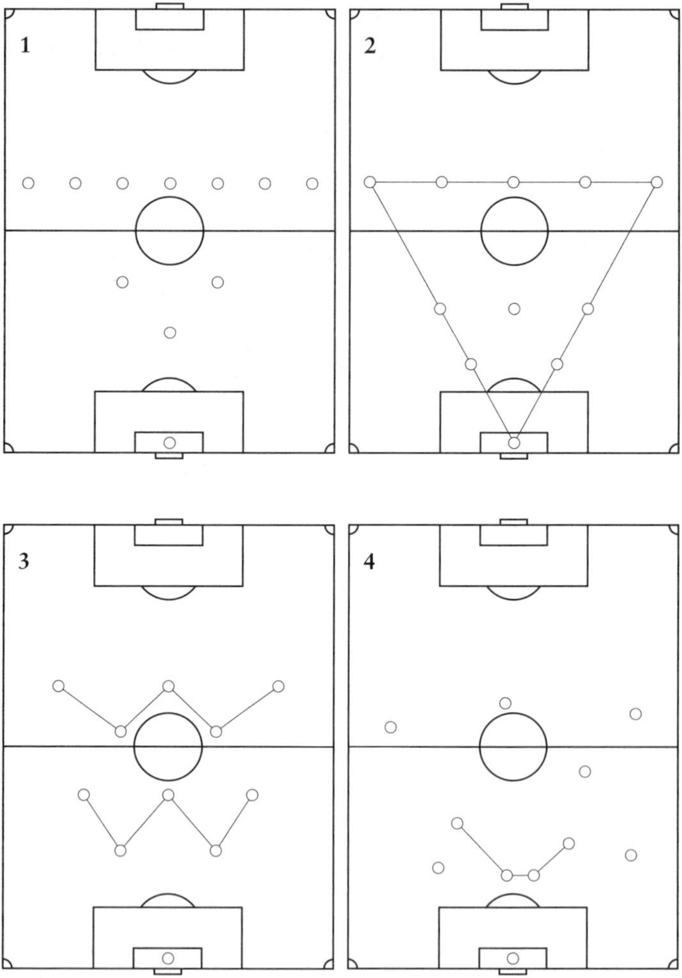

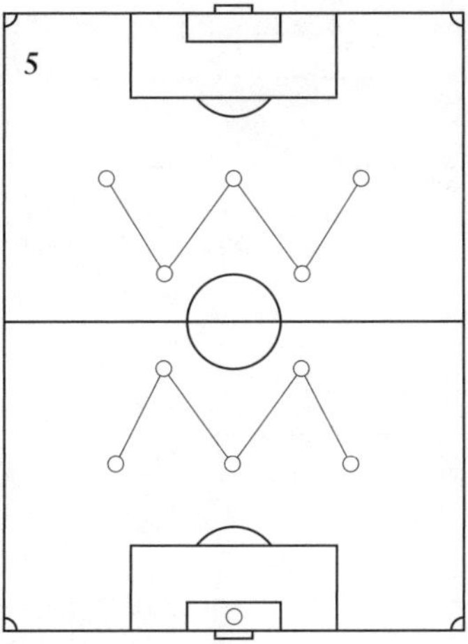

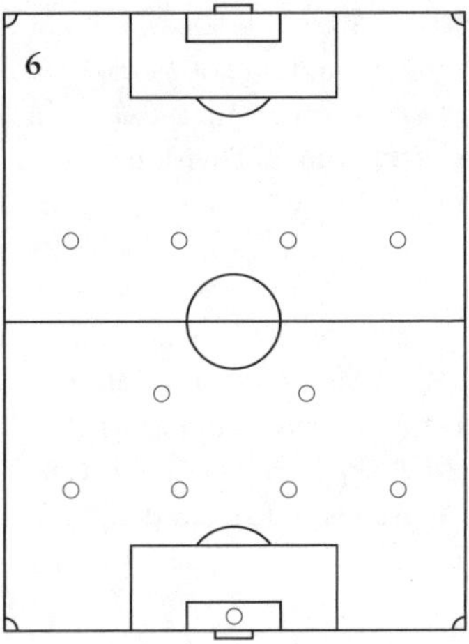

1) 1-1-2-7 • Entwickelt von Charles William Alcock (FC Wanderers), dem ersten Präsidenten des englischen Verbandes FA (1870–1895) ....

2) 1-2-3-5 • Die Schottische Furche, in Gebrauch bis in die Zwanzigerjahre ....

3) 1-2-3-2-3 • Metodo, entwickelt von Vittorio Pozzo. Das System der italienischen Weltmeistermannschaft von 1934 und 1938 basierte auf dem 1-2-3-5, das von den Tschechen, Österreichern und Ungarn, der so genannten Donau-Schule, gespielt wurde ...

4) Der Schweizer Riegel • Praktiziert in der Schweizer Nationalmannschaft um 1938, entwickelt von Karl Rappan aus Wien ....

5) Das WM-System • Lange erfolgreiche Taktik der Fünfzigerjahre, perfektioniert von Herbert Chapman (Arsenal London). Die festen Positionen der einzelnen Spieler ergeben eine klare Zuordnung ....

6) 4-2-4 • Die Spielordnung, mit der Brasilien 1958 in Schweden Weltmeister wurde. Nach dieser WM spielten viele Mannschaften das brasilianische 4-2-4-System, das später, weil es andernorts an Stürmern wie Vava, Zagalo, Pelé und Garrincha mangelte, zu einem 4-3-3 und schließlich zu einem 4-4-2 wurde ....

1996/97 Serie A Italien	29.480
1996/97 Bundesliga Deutschland	28.680
1996/97 Premiership England	28.434
1996/97 Primera Division Spanien	27.122
1996/97 Ligue 1 Frankreich	15.817
1996/97 Major League Soccer USA	14.619

•••

1997/98 Serie A Italien	31.161
1997/98 Bundesliga Deutschland	31.112
1997/98 Premiership England	29.189
1997/98 Primera Division Spanien	23.564
1997/98 Ligue 1 Frankreich	17.880
1997/98 Major League Soccer USA	14.312

•••

1998/99 Bundesliga Deutschland	30.901
1998/99 Serie A Italien	30.704
1998/99 Premiership England	30.293
1998/99 Primera Division Spanien	22.380
1998/99 Ligue 1 Frankreich	19.807
1998/99 Major League Soccer USA	14.282

•••

1999/00 Premiership England	30.698
1999/00 Serie A Italien	29.732
1999/00 Bundesliga Deutschland	28.980
1999/00 Primera Division Spanien	23.088
1999/00 Ligue 1 Frankreich	22.257
1999/00 Major League Soccer USA	13.756

•••

2000/01 Premiership England	32.904
2000/01 Bundesliga Deutschland	30.496
2000/01 Serie A Italien	29.298

2000/01 Primera Division Spanien 25.184
2000/01 Ligue 1 Frankreich 22.874
2000/01 Major League Soccer USA 14.961

•••

2001/02 Premiership England 34.441
2001/02 Bundesliga Deutschland 32.989
2001/02 Serie A Italien 26.367
2001/02 Primera Division Spanien 26.031
2001/02 Ligue 1 Frankreich 19.319
2001/02 Major League Soccer USA 15.822

•••

2002/03 Premiership England 35.464
2002/03 Bundesliga Deutschland 34.091
2002/03 Primera Division Spanien 28.568
2002/03 Serie A Italien 25.758
2002/03 Ligue 1 Frankreich 19.869
2002/03 Major League Soccer USA 14.898

•••

2003/04 Bundesliga Deutschland 37.462
2003/04 Premiership England 35.020
2003/04 Primera Division Spanien 28.644
2003/04 Serie A Italien 26.209
2003/04 Ligue 1 Frankreich 20.206
2003/04 Major League Soccer USA 15.559

058 • REGELKUNDE II •

Offizielle Fifa-Regeln, aus Regel 3 (Zahl der Spieler).

Die Namen der Auswechselspieler müssen dem Schiedsrichter vor Spielbeginn bekannt gegeben werden. Andere, nicht gemeldete Spieler dürfen in diesem Spiel nicht eingesetzt werden ....

Paul Breitner .... FC Bayern München
Roland Dickgießer .... SV Waldhof Mannheim
Volker Faß .... Kickers Offenbach
Marcus Feinbier .... Fortuna Düsseldorf
Laurent Guthleber .... Fortuna Düsseldorf
Hans Humpa .... TSV 1860 München
Bernd Kipp .... Fortuna Düsseldorf
Horst Kirsch .... Borussia Neunkirchen
Hans-Jürgen Kleinholz .... 1. FC Köln
Max Kümmerling .... TSG Hoffenheim
Altin Lala .... Hannover 96
Markus Lösch .... 1. FC Nürnberg
Rainer Malzkorn .... Borussia Mönchengladbach
Patrick Milchraum .... TSV 1860 München
Attila Pinte .... Györi ETO FC
Michael Probierz .... KFC Uerdingen
Jürgen Radau .... Karlsruher SC
Sascha Rammel .... Borussia Dortmund
Friedel Rausch .... FC Schalke 04
Jack Sanniels .... Niederländisch-Indien
Carsten Schiel .... Eintracht Trier
Mikhail Smirnov .... Stuttgarter Kickers
Jürgen Sparwasser .... 1. FC Magdeburg
Heinz Spundflasche .... Hamburger SV
Joachim Standfest .... Grazer AK
Gerhard Strack .... 1. FC Köln
Guido Streichsbier .... TSG Hoffenheim
Patrick Suffo .... Sheffield United
Wim Suurbier .... Ajax Amsterdam
Winfried Wottka .... Hannover 96
Reinhold Zech .... 1. FC Saarbrücken

060 • DIE MITGLIEDER DER G14 •

Die G14 ist die Vereinigung der mächtigsten Fußballvereine Europas. Mittlerweile gehören der Vereinigung 18 Vereine an (ursprünglich 14), der Name blieb trotz der Aufstockung bestehen. „The voice of the clubs" nennt sich die Interessenvertretung; meist geht es darum, die Klubinteressen gegen die Interessen der nationalen oder internationalen Verbände durchzusetzen.

Ajax Amsterdam • FC Barcelona • Borussia Dortmund • PSV Eindhoven • Bayer 04 Leverkusen • FC Liverpool • Arsenal London • Olympique Lyon • Real Madrid • AC Mailand • Inter Mailand • Manchester United • Olympique Marseille • FC Bayern München • Paris Saint-Germain • FC Porto • Juventus Turin • FC Valencia ....

061 • GELBE UND ROTE KARTEN •

Bestehen meist aus Polystyrol (PS) oder Polyvinylchlorid (PVC). Wiederkehrende Kennzeichen: speziell abgerundete Ecken, immer wieder einsetzbar, 12 x 9 cm.

Polystyrol amorpher, transparenter Thermoplast; Massenkunststoff mittlerer Härte und Festigkeit; wird durch Polymerisation des Monomers Styrol gewonnen; die Dichte von solidem Polystyrol liegt zwischen 1,04 und 1,09 g/cm^2; entwickelt beim Verbrennen stechend riechende Dämpfe, die aber nicht giftig sind. Physiologisch unbedenklich. Beständig gegen Laugen und Mineralsäuren, nicht gegen Benzin und Keton. UV-empfindlich. Recycelbar ....

Polyvinylchlorid amorpher thermoplastischer Kunststoff; wird aus seinem Monomer, Vinylchlorid, erzeugt. Kettenverlängerung erfolgt entweder durch radikalische oder durch ionische Polymerisation ...

Erstmals bei der EM 2004 verwendet: Wendekarte 3 in 1 „Flip". PVC-Doppelfolie mit Klettpunkt-Fixierung. Hohe Signalwirkung. Außen neon-gelb, innen neon-rot beschichtet. Für alle drei Disziplinarmaßnahmen (gelb, gelb/rot und rot) durch einfaches Umklappen nur noch eine einzige Karte nötig.

Beckenbauer 5 Cup Adidas Weiches Leder, strapazierfähig, Kunststoffstollen für Asche-, Rasen- und Kunstrasenplätze, benannt nach Franz Beckenbauer ....

•••

Pulsado TRX FG & TRX TF Beckham-Edition Adidas Free-Kick-Leder, Traxion-Technologie, asymmetrisches Schnürsystem, benannt nach David Beckham ....

•••

Predator Pulse II TRX FG Beckham-Dragon-Edition Adidas Drachenhaut-Schuppenoptik, Schaft aus Super-League-Leder, asymmetrisches Schnürsystem, silber-metallic, benannt nach David Beckham.

•••

King Eusébio Puma Benannt nach Eusébio ....

•••

Gerd Müller Adidas Stollenschuh, hat keine Stahlkappe, sieht aber so aus, benannt nach Gerd Müller ....

•••

Pavel Nedved L 650 MD TC SpeedTouch X35 Uhlsport PU-Schaftmaterial mit Mikrofaserverstärkung, TotalContact-Schnürsystem, EnergyCore 2D, Performance-Leisten, benannt nach Pavel Nedved.

•••

Okocha Top I Jr. Puma Schwarz-weiß mit Nocken, benannt nach Jay Jay Okocha ....

•••

Dietrich Weise Universal Puma Nach außen gestellte Nockenreihe, benannt nach Dietrich Weise ....

•••

Totti Celer TRX 12 Diadora Obermaterial Suprelltech Water Resistant, Nylon, Futter aus Antistretchmaterial, rutschfestes Kurester-Futter im hinteren Bereich, Brandsohle aus Evatech mit Biegpunkten im vorderen Fußbereich, benannt nach Francesco Totti ....

063 • SIEGER DER COPA AMÉRICA •

Ursprünglich war das Turnier nur für südamerikanische Mannschaften zugänglich. Seit 1993 werden auch Mannschaften aus Nord- und Zentralamerika eingeladen. In der Regel sind das der Sieger und der Zweitplatzierte des Gold Cups.

1917 Uruguay • 1919 Brasilien • 1920 Uruguay • 1921 Argentinien • 1922 Brasilien • 1923 Uruguay • 1924 Uruguay • 1925 Argentinien • 1926 Uruguay • 1927 Argentinien • 1929 Argentinien • 1937 Argentinien • 1939 Peru • 1942 Uruguay • 1947 Argentinien • 1949 Brasilien • 1953 Paraguay • 1955 Argentinien • 1957 Argentinien • 1959 Argentinien • 1963 Bolivien • 1967 Uruguay • 1975 Peru • 1979 Paraguay • 1983 Uruguay • 1987 Uruguay • 1989 Brasilien • 1991 Argentinien • 1993 Argentinien • 1995 Uruguay • 1997 Brasilien • 1999 Brasilien • 2001 Kolumbien • 2004 Brasilien ....

064 • FEINDE IN LONDON •

Traditionell können die Fußballmannschaften in London einander nicht so gut leiden.

Klub	Erzfeinde
Arsenal London	Tottenham Hotspur
FC Brentford	Queens Park Rangers
Charlton Athletic	Crystal Palace
FC Chelsea	Tottenham Hotspur
Crystal Palace	Brighton & Hove Albion
FC Fulham	FC Chelsea
Leyton Orient	West Ham United
FC Millwall	West Ham United
Queens Park Rangers	FC Chelsea
Tottenham Hotspur	Arsenal London
FC Watford	Luton Town
West Ham United	FC Millwall

Brighton und Luton Town sind keine Klubs aus London.

• IN GEFAHR • 065

Heute gibt es in Fußballstadien sogar Familientribünen. Früher war es mancherorts ganz schön gefährlich, wie eine Umfrage des Deutschen Fußball-Fan-Klub-Verbandes über die Gefährlichkeit bei Auswärtsspielen in der Saison 1976/77 zeigt.

Im Stadion	Verein	Vor dem Stadion
Absolut gefahrenlos	Tennis Borussia Berlin	Absolut gefahrenlos
Absolut gefahrenlos	1. FC Saarbrücken	Absolut gefahrenlos
Absolut gefahrenlos	Karlsruher SC	Absolut gefahrenlos
Etwas Vorsicht geboten	VfL Bochum	Etwas Vorsicht geboten
Etwas Vorsicht geboten	Eintracht Frankfurt	Etwas Vorsicht geboten
Etwas Vorsicht geboten	Hamburger SV	Etwas Vorsicht geboten
Etwas Vorsicht geboten	1. FC Kaiserslautern	Unsicher
Etwas Vorsicht geboten	Borussia M'gladbach	Etwas Vorsicht geboten
Etwas Vorsicht geboten	SV Werder Bremen	Etwas Vorsicht geboten
Etwas Vorsicht geboten	MSV Duisburg	Unsicher
Etwas unsicher	Borussia Dortmund	Sehr unsicher
Unsicher	Eintracht Braunschweig	Unsicher
Unsicher	Hertha BSC Berlin	Sehr unsicher
Unsicher	Fortuna Düsseldorf	Durchaus gefährlich
Sehr unsicher	Rot-Weiß Essen	Durchaus gefährlich
Sehr unsicher	FC Bayern München	Durchaus gefährlich
Sehr unsicher	FC Schalke 04	Durchaus gefährlich
Sehr unsicher	1. FC Köln	Höchste Gefahr

• STERNE AUF DER BRUST II • 066

Ein Schweizer Fußballverein erhält für jeweils zehn Meistertitel einen Stern.

Verein	Sterne	Titel
Grasshopper-Club Zürich	2	27
Servette Genf	1	17
Young Boys Bern	1	17
FC Basel	1	11

067 • SCHIEDSRICHTERGESTEN I •

• Einwurf •

• Foul gesichtet •

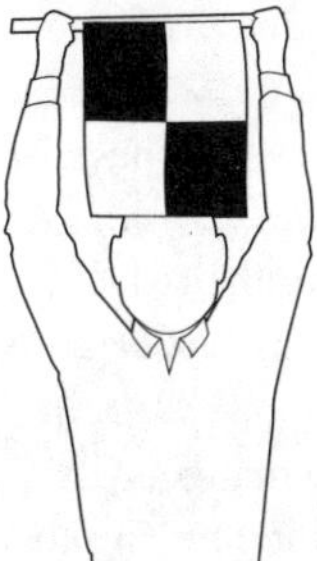

• Einwechslung •

• Abseits •

DERBYS, DIE DEN NAMEN NICHT VERDIENEN • 068

Olympique Marseille vs. OGC Nizza „Mittelmeer-Derby“ .... 156 km
Bayern München vs. 1. FC Nürnberg „Bayern-Derby“ .... 189 km
Girondins Bordeaux vs. FC Toulouse „Südwest-Derby“ .... 212 km
Olympique Marseille vs. SC Bastia „Mittelmeerhafen-Derby“ ...... 331 km
FK Bodø Glimt vs. Tromsø IL Norwegen .... 410 km
Baltika Kaliningrad vs. Zenit St. Petersburg Russland .... 964 km
Perth Glory vs. Adelaide City Force Australien .... 2.735 km

FRAUEN, DIE GEORGE BEST VERLASSEN HABEN • 069

Sinead Cusack Aufregende Blondine, später heiratete sie den aufregenden Schauspieler Jeremy Irons ....
Debbie Forsyth Aufregende, blonde Tochter des Schauspielers und nicht immer aufregenden Multitalents Bruce Forsyth ....
Juliet Mills Tochter des guten, aber eigentlich nie aufregenden Schauspielers Sir John Mills, die der dauernden Aufregung mit George Best bald überdrüssig war ....
Carolyn Moore Aufregende Britin, die klugerweise bestritt, mit George Best verlobt zu sein ....
Lynsey de Paul Aufregende Blondine mit Schönheitsfleck, die es mit George Best krachen ließ und im Nebenberuf Lieder aufnahm, von denen einige veröffentlicht wurden ....
Mary Stavin Aufregende, gelegentlich blonde ehemalige Miss World.
Marjorie Wallace Aufregende, amerikanische Blondine, die ebenfalls ehemals den Titel der Miss World trug. Die beiden hatten sich immer viel zu sagen, besonders vor Gericht ....

BOMBER DER NATION III • 070

Spieler	Land	Ligaspiele	Tore
Gerd Müller	Deutschland	427	**365**
FC Bayern München			1965–1979

071 • ES GIBT KEINE KLEINEN MEHR IV •

Vanuato Versuchte sich in der WM-Qualifikation 1994, 1998 und 2002. 1 Sieg, 8 Niederlagen, 1 Unentschieden. Torverhältnis 14:42.

072 • DIE WELTFUSSBALLER DES JAHRES •

Die Weltfußballer des Jahres werden per Umfrage unter Trainern ermittelt. Vor 1982 gab es keine allgemein anerkannten Umfragen, seit 1991 ist die Wahl zum Weltfußballer eine Veranstaltung des Weltfußballverbandes Fifa.

1982 Paolo Rossi .... Italien
1983 Zico .... Brasilien
1984 Michel Platini .... Frankreich
1985 Michel Platini .... Frankreich
1986 Diego Armando Maradona .... Argentinien
1987 Ruud Gullit .... Niederlande
1988 Marco van Basten .... Niederlande
1989 Marco van Basten .... Niederlande
1990 Lothar Matthäus .... Deutschland
1991 Lothar Matthäus .... Deutschland
1992 Marco van Basten .... Niederlande
1993 Roberto Baggio .... Italien
1994 Romário .... Brasilien
1995 George Weah .... Liberia
1996 Ronaldo .... Brasilien
1997 Ronaldo .... Brasilien
1998 Zinédine Zidane .... Frankreich
1999 Rivaldo .... Brasilien
2000 Zinédine Zidane .... Frankreich
2001 Luis Figo .... Portugal
2002 Ronaldo .... Brasilien
2003 Zinédine Zidane .... Frankreich
2004 Ronaldinho .... Brasilien

• DAS VEREINSLIED DES FC DORNBIRN • 073

Der FC Dornbirn spielt in der österreichischen Regionalliga West.

Beim FC Dornbirn will ich sein, – solang' mein Auge sieht, ja sieht, – solange noch ein Tropfen Blut in meinen Adern fließt! – Beim FC Dornbirn will ich sein, – das schwör ich mit Herz und mit Hand, – drum trag ich stolz auf meiner Brust – das rot und weiße Band!

Der Ball liegt am Mittelstoß, – die Mannschaft stellt sich auf, ja stellt sich auf, – ein jeder seinen Platz schon weiß, geht alles hurtig los! – Der Schiedsrichter das Zeichen gibt, – die Stürmer, sie brechen los, – ein jeder den Ball zum anderen schiebt, – die Kombination ist groß! – Der Zenterhalf den Ball schon hat, – schießt ihn zum Flügelmann, – und dieser läuft, so schnell er laufen kann, – und zentert in die Mitt! – Zum Glück die Stürmer sind schon da, – die Halfreih rücket vor, – ein Schuss, ein Knall, schon sitzt der Ball – im gegnerischen Tor – famos!

Und wenn ich einst gestorben bin, – so gräbt mich ruhig ein, ja ein, – als vielgeliebter Sportskamerad will ich begraben sein! – Den Fußball leget mir zur Seit, – zwei Fähnlein in die Hand, – und um die kalte Brust schlagt mir – das rot und weiße Band! – Und der DFC, der geht nicht unter, – und der DFC, der geht in d'Höh, – und wenn der ganze Sportplatz unter Wasser steht, – und der DFC, der geht in d'Höh! – Er lebe hoch, er lebe hoch, – er lebe dreimal hoch!!! Flanke links – Flanke rechts – Schuss – Toooooor!

• GULDBOLLEN • 074

Guldbollen ist ein schönes Wort. Auf deutsch heißt es: goldener Ball. Hinter dem Wort verbirgt sich eine Trophäe, die von der Tageszeitung Aftonbladet und dem Schwedischen Fußballverband (SvFF) vergeben wird. Man ahnt es: Nur Schweden können sie gewinnen, und zwar diejenigen, die als bester Fußballer eines Jahres angesehen werden.

1946	Gunnar Gren	Roy Andersson	1977
1947	Gunnar Nordahl	Ronnie Hellström	1978
1948	Bertil Nordahl	Jan Möller	1979
1949	Knut Nordahl	Rolf Zetterlund	1980
1950	Erik Nilsson	Thomas Ravelli	1981
1951	Olle Åhlund	Torbjörn Nilsson	1982
1952	Kalle Svensson	Glenn Hysén	1983
1953	Bengt Gustavsson	Sven Dahlkvist	1984
1954	Sven Ove Svensson	Glenn Strömberg	1985
1955	Gösta Löfgren	Robert Prytz	1986
1956	Gösta Sandberg	Peter Larsson	1987
1957	Bajdoff Johansson	Glenn Hysén	1988
1958	Orvar Bergmark	Jonas Thern	1989
1959	Agne Simonsson	Tomas Brolin	1990
1960	Torbjörn Jonsson	Anders Limpar	1991
1961	Bengt Nyholm	Jan Eriksson	1992
1962	Prawitz Öberg	Martin Dahlin	1993
1963	Harry Bild	Tomas Brolin	1994
1964	Hans Mild	Patrik Andersson	1995
1965	Bo Larsson	Roland Nilsson	1996
1966	Ove Kindvall	Pär Zetterberg	1997
1967	Ingvar Svahn	Henrik Larsson	1998
1968	Björn Nordqvist	Stefan Schwarz	1999
1969	Tommy Svensson	Magnus Hedman	2000
1970	Jan Olsson	Patrik Andersson	2001
1971	Ronnie Hellström	Fredrik Ljungberg	2002
1972	Ralf Edström	Olof Mellberg	2003
1973	Bo Larsson	Henrik Larsson	2004
1974	Ralf Edström	....	
1975	Kent Karlsson	....	
1976	Anders Linderoth	....	

Peter Knowles Verließ die Wolverhampton Wanderers 24-jährig und als Jahrhunderttalent gepriesen, um den Zeugen Jehovas beizutreten, fortan an jeder Haustür zu klopfen und die Zeitschrift „Wachturm“ anzubieten. Sein Abschied veranlasste die Fans zu einer Neufassung des Lieds „Oh My Darling, Clementine“, in der es heißt: „Where's your bible, where's your bible, where's your bible, Peter Knowles – In your handbag, in your handbag, in your handbag, Peter Knowles!“ und inspirierte Songwriter Billy Bragg zu der Ballade „God's Footballer“. In der Hoffnung, er möge wieder Gefallen am Fußball finden, kündigten die Wanderers seinen Vertrag erst 1982, 13 Jahre, nachdem er zuletzt gespielt hatte ....
Marco Boggers 1995 gab West Ham United eine Million Pfund für seine Verpflichtung aus. Dennoch wurde er nur wenige Zeit später ablösefrei an Groningen verschenkt. Was war passiert? Er machte ein schlechtes Spiel, sah die rote Karte im nächsten und verbrachte noch ein weiteres auf der Bank. Dann verschwand er. Nach einigen Wochen wurde er zwar in einem Wohnwagen in Amsterdam entdeckt, wohin er sich zum Meditieren zurückgezogen hatte, er weigerte sich jedoch, nach London zurückzukehren ....
Carlos Roa Kurz nachdem der Argentinier als Elfmetertöter zu Berühmtheit gelangt war (er hielt 1998 Strafstöße von Paul Ince und David Batty, was zum Ausscheiden der Engländer bei der WM führte), kehrte er dem Sport den Rücken. In einer Pressekonferenz prophezeite er den Weltuntergang am 31. Dezember 1999. Eine Behauptung, die er später, so um den 1. Januar 2000 herum, wieder zurücknehmen sollte. Den Spielbetrieb nahm der – als Veganer von seinen Mannschaftskameraden „Der Salat“ genannte – Torwart nicht noch einmal auf: Als Aktivist der „Siebenten-Tags-Adventisten“ sah er sich nicht imstande, weiterhin samstags zu spielen. Seinem Verein Real Mallorca hatte in jenen Tagen ein Angebot von über 6,5 Millionen Euro für den Tormann vorgelegen ....

Lars Elstrup Einst der teuerste Einkauf der Vereinsgeschichte von Luton Town und 1992 Europameister mit den Dänen, verabschiedete er sich schon ein Jahr später vom Fußball, um einer Sekte namens „Sangha" beizutreten und seinen Namen in „Darando" (der Fluss, der ins Meer fließt) zu ändern. Nebenbei kickte er zwar noch ein wenig bei Odense BK, geriet aber erst wieder in die Schlagzeilen, als er in der Kopenhagener Fußgängerzone verhaftet wurde: Er hatte vor Kindern mit dem Penis gewedelt. Er wurde aus der Sekte geworfen, was ihm aber ganz gut in den Kram passte, hielt er die Gruppe doch für „unmenschlich", und klagte: „Sie haben meinen Dachshund Devi gestohlen!" ....

David Icke Der ehemalige Torhüter von Coventry City beendete seine Fußballkarriere wegen Arthritis 1973 mit 21 Jahren und wurde Moderator bei der BBC, zog auf die Isle Of Wight, um für ein Buch über Zugbeobachtung (Trainspotting) zu recherchieren, und engagierte sich bei den Grünen. Nach einem Besuch in Brighton, bei der als Medium bekannten Betty Shine, erkannte er den Sohn Gottes – in sich selbst. In einer Pressekonferenz stellte er seinen Guru Mari Shawsun als Tochter Gottes und seine Frau als Engel Gottes vor. Fortan wanderte er durch die Talkshows und trug einen türkisfarbenen Muschel-Anzug, der ihm positive Energie spenden sollte. Er reiste um die Welt und verbreitete die Theorie, dass die Queen, Hillary Clinton, Tony Blair, George W. Bush und Kris Kristofferson in Wahrheit zwölffüßige außerirdische Eidechsen seien ....

Charles Burgess Fry CB Fry, geboren 1872, war nicht nur ein begnadeter Cricketspieler, er hielt auch den Weltrekord im Weitsprung, stand als Fußballer im FA-Cup-Finale und spielte professionell Rugby für Oxford, Blackheath und die Barbarians. Er vertrat Indien bei den Vereinten Nationen und war liberaler Abgeordneter im Stadtrat von Sussex. Einmal bot man ihm den Thron in Albanien an. Später wurde er zu einem Bewunderer Adolf Hitlers ....

• Von Franz Beckenbauer •

Franz Beckenbauer *Dirigent im Mittelfeld* Copress, München 1966 .....

Franz Beckenbauer *Halbzeit. Eine Zwischenbilanz* A. Strothe-Verlag, Hannover 1972 ....

Franz Beckenbauer *Einer wie ich* C. Bertelsmann, München 1975 ....

Franz Beckenbauer *Meine Gegner, meine Freunde. Stationen einer Karriere* Rasch und Röhring Verlag, Hamburg 1987 ....

Franz Beckenbauer *Ich. Wie es wirklich war* C. Bertelsmann, München 1992 ....

Franz Beckenbauer *Schau'n mer mal* Mosaik Verlag, Hamburg 1995 ....

Franz Beckenbauer *Tour de Franz – meine WM 98* Goldmann, München 1998 ....

• Von anderen •

Andreas Brehme *Das war's Freunde* Sportverlag, Berlin 1998 ....

Stefan Effenberg *Ich hab's allen gezeigt* Rütten und Loening, Potsdam 2003

Horst Hrubesch *Dorschangeln vom Boot und an den Küsten* Parey Buchverlag, Berlin 1980 ....

Pierre Littbarski *Litti – meine Geschichte* Hoffmann und Campe, Hamburg 1994 ....

Sepp Maier *Ich bin doch kein Tor* Hoffmann und Campe, Hamburg 1980 .....

Hansi Müller *Fußballimpressionen* Günter Rüber, Schieberdingen 1978 ....

Günter Netzer *Rebell am Ball* Limpert Verlag, Wiebelsheim 1971 ....

Wolfgang Overath *Ja, mein Temperament* DuMont Schauberg, Köln 1970

Helmut Rahn *Mein Hobby: Tore schießen* Copress, München 1959 ....

Karl-Heinz Schnellinger *Gib mir den Ball* Copress, München 1972 ....

Toni Schumacher *Anpfiff* Droemer Knaur, München 1987 ....

Uli Stein *Halbzeit. Eine Bilanz ohne Deckung* Droemer Knaur, München 1994 ....

Berti Vogts *Aus meiner Sicht* Komar, Rosenheim 1974 ....

Fritz Walter *So habe ich's gemacht* Copress, München 1962 ....

077 • ABWEHRFEHLER •

Die Burton Brewers erlebten in der Saison 2000/01 in der West Midland Regional Women's Football League, Division One North, eine durchaus schwierige Zeit.

Wolverhampton United vs. Burton Brewers 3. September 2000 ... 18:0
Burton Brewers vs. Bescot 10. September 2000 .... 0:6
Burton Brewers vs. Shrewsbury Town Youth 24. September 2000 0:17
Burton Brewers vs. Crewe Vagrants 1. Oktober 2000 .... 2:13
Burton Brewers vs. Darlaston 22. Oktober 2000 .... 0:21
Burton Brewers vs. North Staffs 5. November 2000 .... 0:27
Burton Brewers vs. Willenhall Town 19. November 2000 .... 0:23
Crewe Vagrants vs. Burton Brewers 7. Januar 2001 .... 22:0
Burton Brewers vs. City of Stoke 14. Januar 2001 .... 1:14
Burton Brewers vs. Wem Raiders 18. Februar 2001 .... 0:16
Willenhall Town vs. Burton Brewers 4. März 2001 .... 57:0

Am 18. März 2001 hätten sie wieder antreten müssen, doch die Burton Brewers stellten den Spielbetrieb ein. Die letzte Niederlage mag doch etwas zu hoch ausgefallen sein.

078 • NUMMERN •

1939 wurden die Rückennummern 1–11 eingeführt, erst 1995 persönliche Nummern.

Torhüter 1
Rechter Verteidiger • Außenverteidiger 2
Linker Verteidiger • Außenverteidiger 3
Rechter Läufer • Innenverteidiger 4
Mittelläufer • Innenverteidiger 5
Linker Läufer • Mittelfeldspieler 6
Rechtsaußen 7
Halbrechts • Mittelfeldspieler 8
Mittelstürmer 9
Halblinks • Mittelfeldspieler 10
Linksaußen 11

• DER FUSS • 079

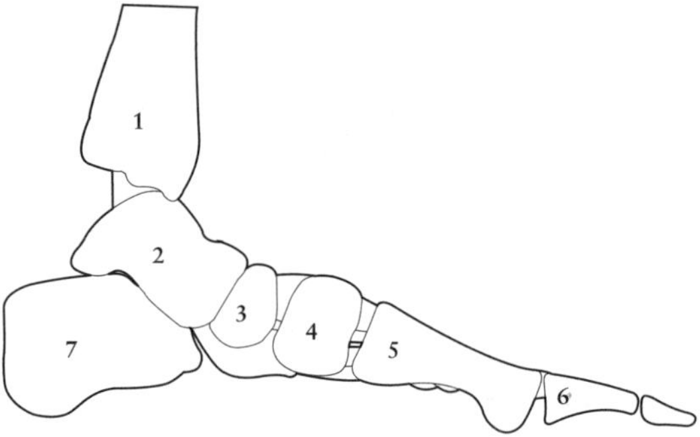

1 Unterschenkelknochen • 2 Sprungbein • 3 Kahnbein • 4 Keilbein • 5 Mittelfußknochen • 6 Zehenknochen • 7 Fersenbein

• FLITZER • 080

In England werden Flitzer unterschieden in Prankster und Streaker. Beide schmuggeln sich in große Sportveranstaltungen, Streaker sind dabei meist nackt oder nur spärlich bekleidet.

Erica Roe Britin – rannte 1982 in einem Rugby-Spiel zwischen England und Australien mit entblößtem Busen über den Platz. Ihre Aktion dominierte die Nachrichten, obwohl gerade der Falklandkrieg zwischen Argentinien und Großbritannien tobte. Roe inspirierte viele Frauen und Männer zum Flitzen auch bei Fußballspielen. **Mark Roberts** Brite – flitzt nach eigenen Angaben seit 1993. Er flitzte im Uefa-Cup-Finale 2004 zwischen Valencia und Marseille in Göteborg. Er flitzte im Dezember 2003 während des Spiels Real Madrid gegen FC Barcelona durch das Bernabeu-Stadion und spielte einen Doppelpass mit Ronaldo. Und er flitzte im Champions-League-Finale Bayer 04 Leverkusen gegen Real Madrid 2002, wo er, nur mit einer karierten Mütze bekleidet, den Ball ins Leverkusener Tor schoss. Mittlerweile hat Roberts in allen englischen Stadien Zutrittsverbot und muss seinen Pass abgeben, wenn eine englische Mannschaft im Ausland spielt ....

Karl Power Brite – flitzt mit feinem Humor. Schaffte es 2001 im Münchner Olympiastadion, sich im Originaltrikot samt Hose und Stutzen aufs Mannschaftsfoto von Manchester United zu schmuggeln. Als United ihm daraufhin lebenslanges Hausverbot erteilte, muss Power milde gelächelt haben. Kurz darauf posierte er vor dem Anstoß des Heimspiels von United gegen den FC Liverpool mit zehn Freunden, und zwar auf dem Rasen von Old Trafford, stilecht in Trikots und mit Perücken. Schöner kann man Autorität kaum untergraben ....

Jimmy Jump Spanier – fand während des Europameisterschaftsfinales 2004 flitzend den Weg ins Tor der Griechen. Auf seiner Homepage nennt Jimmy Jump als Idole Salvador Dalí und Mark Roberts ....

Regina Höfner Deutsche – flitzte in einem weißen Hundekostüm mit schwarzen Punkten darauf im November 2004 während des DFB-Pokal-Achtelfinales FC Bayern München gegen den VfB Stuttgart auf Oliver Kahn zu und umarmte ihn. Höfner warb für Hundepudding. Später sagte sie: „Ich muss zugeben, dass ich Oliver Kahn auch als Mann interessant finde." Ansonsten bekam Kahn in diesem Spiel nicht viel zu halten, die Bayern gewannen 3:0 ....

Vier verschiedene Flitzer tauchten während des Konföderationen-Pokals 2005 auf den Spielfeldern auf: bei den Spielen Mexiko gegen Brasilien in Hannover, Brasilien gegen Japan in Köln, Tunesien gegen Deutschland in Köln, wo der Flitzer dem deutschen Torwart Jens Lehmann „Ich liebe dich" ins Ohr flüsterte, und bei Deutschland gegen Brasilien in Nürnberg. Daraufhin begann in Deutschland eine ernsthafte Diskussion über Sicherheit in den Stadien ....

Nationaltrainer, die es auf mehr als 100 Länderspiele gebracht haben.

• Velibor „Bora“ Milutinovic – 276 Spiele •

Land	Mexiko	*Spiele*	104	*Zeitraum*	1983–1997
Land	Costa Rica	*Spiele*	9	*Zeitraum*	1990
Land	USA	*Spiele*	96	*Zeitraum*	1991–1995
Land	Nigeria	*Spiele*	11	*Zeitraum*	1997–1998
Land	China	*Spiele*	46	*Zeitraum*	2000–2002
Land	Honduras	*Spiele*	10	*Zeitraum*	2003–2004

• Francisco Maturana – 172 Spiele •

Land	Kolumbien	*Spiele*	75	*Zeitraum*	1987–1994
Land	Ecuador	*Spiele*	42	*Zeitraum*	1995–1997
Land	Costa Rica	*Spiele*	11	*Zeitraum*	1999
Land	Peru	*Spiele*	14	*Zeitraum*	1999–2000
Land	Kolumbien	*Spiele*	30	*Zeitraum*	2001–2003

• Josef Herberger – 167 Spiele •

Land	Deutschland	*Spiele*	167	*Zeitraum*	1936–1964

• Hugo Meisl – 155 Spiele •

Land	Österreich	*Spiele*	155	*Zeitraum*	1912–1937

• Helmut Schön – 148 Spiele •

Land	Saarland	*Spiele*	9	*Zeitraum*	1953–1956
Land	Deutschland	*Spiele*	139	*Zeitraum*	1964–1978

• Berti Vogts – 144 Spiele •

Land	Deutschland	*Spiele*	102	*Zeitraum*	1990–1998
Land	Kuwait	*Spiele*	10	*Zeitraum*	2001–2002
Land	Schottland	*Spiele*	32	*Zeitraum*	2002–2004

• Josef Piontek – 143 Spiele •

Land .... Dänemark *Spiele* .... 115 *Zeitraum* 1979–1990

Land .... Türkei *Spiele* .... 28 *Zeitraum* 1990–1993

• Sir Walter Winterbottom – 139 Spiele •

Land .... England *Spiele* .... 139 *Zeitraum* 1946–1962

• John Petterson – 138 Spiele •

Land .... Schweden *Spiele* .... 138 *Zeitraum* 1921–1936

• Alexander Tirnanic – 128 Spiele •

Land .... Jugoslawien *Spiele* .... 128 *Zeitraum* 1946–1966

• Guillermo Stabile – 127 Spiele •

Land .... Argentinien *Spiele* .... 127 *Zeitraum* 1939–1960

• Gavril Kachalin – 123 Spiele •

Land .... Sowjetunion *Spiele* .... 104 *Zeitraum* 1954–1962

Land .... Sowjetunion *Spiele* .... 19 *Zeitraum* 1968–1970

• Hérnan Darío Gómez – 122 Spiele •

Land .... Kolumbien *Spiele* .... 58 *Zeitraum* 1995–1998

Land .... Ecuador *Spiele* .... 64 *Zeitraum* 1999–2004

• Guy Thys – 114 Spiele •

Land .... Belgien *Spiele* .... 101 *Zeitraum* 1976–1989

Land .... Belgien *Spiele* .... 13 *Zeitraum* 1990–1991

• Sir Alfred Ramsey – 113 Spiele •

Land .... England *Spiele* .... 113 *Zeitraum* 1963–1974

• EINIGE FREUNDSCHAFTEN • 082

Manche sind offizielle Fanfreundschaften, die von Klubseite gepflegt werden, manche haben sich frei entwickelt. Aktive Freundschaften sind mittlerweile die Ausnahme. Einige Freundschaften haben sich wieder gelöst wie die zwischen dem Hamburger SV und Borussia Dortmund, es bilden sich jedoch immer wieder mal neue.

1. FC Nürnberg .... FC Schalke 04
FC Bayern München .... VfL Bochum
Borussia Dortmund .... Celtic Glasgow
TSV 1860 München .... 1. FC Kaiserslautern
FC St. Pauli .... Celtic Glasgow
Borussia Dortmund .... TSV 1860 München
1. FC Kaiserslautern .... SV Werder Bremen
Kickers Offenbach .... Bayer Leverkusen
Darmstadt 98 .... 1. FC Köln
Borussia Dortmund .... Karlsruher SC
Hertha BSC Berlin .... Karlsruher SC
Würzburger FV .... TSV Aindling
FC Augsburg .... Würzburger FV
FC St. Pauli .... 1. FC Köln
FSV Mainz 05 .... Borussia M'gladbach
SV Werder Bremen .... Rot-Weiß Essen
Borussia M'gladbach .... FC Liverpool
Eintracht Braunschweig .... Waldhof Mannheim
Eintracht Braunschweig .... 1. FC Magdeburg
Karlsruher SC .... Racing Straßburg
VfB Stuttgart .... Energie Cottbus
VfL Wolfsburg .... TSV 1860 München

• NACHNAMEN SCHOTTISCHER KLUBS • 083

Academical • Albion • Athletic • City • County • Fife • Johnstone • Midlothian • Mirren • Morton • Park • Rangers • Rovers • South

084 • FUSSBALL UND MUSIK I •

Zur Melodie von „Gold“ (Spandau Ballet). Zu hören auf den Rängen von Highbury, Arsenal London.

„Cole! – Always believe in your soul – You've got the power to know – That you're indestructible – Always believe in Ashley Cole, Cole!“ ....

085 • KARRIEREBRÜCHE •

Die Verletzungen des Torwarts Harald Schumacher, genannt Toni (Profi von 1972–1992).

Kleiner Finger links .... gebrochen
Ringfinger links .... gebrochen
Mittelfinger links .... gebrochen
Zeigefinger links .... gebrochen
Daumen links .... gebrochen
Kleiner Finger rechts .... gebrochen
Ringfinger rechts .... gebrochen
Mittelfinger rechts .... gebrochen
Zeigefinger rechts .... gebrochen
Daumen rechts .... gebrochen
Nasenbein .... 2 x gebrochen
Rippen .... 3 gebrochen
Kreuzband .... gerissen – doppelt
Außenband .... gerissen – doppelt
Gehirn .... 5 x erschüttert

086 • REGELKUNDE III •

Offizielle Fifa-Regeln, aus Regel 5 (Der Schiedsrichter).

Jedes Spiel wird vom einem Schiedsrichter geleitet, der die uneingeschränkte Vollmacht hat, den Fußballregeln in dem Spiel Geltung zu verschaffen, für das er nominiert wurde ....

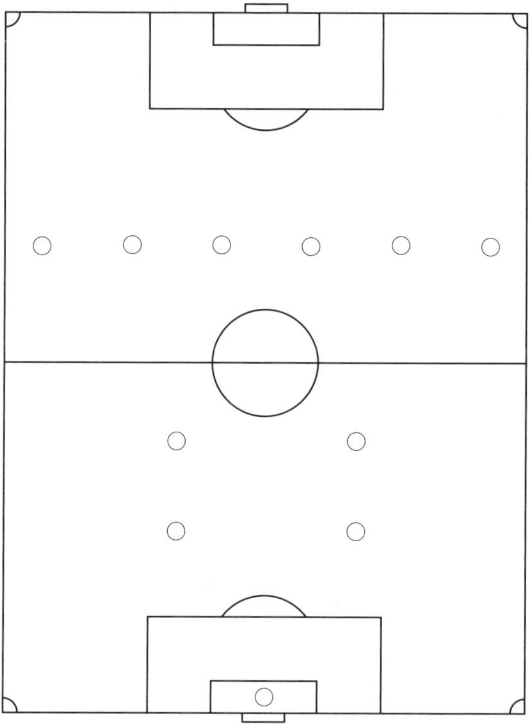

Erstmals gespielt um 1874 vom schottischen Klub FC Queens Park, wurde auch in der Nationalmannschaft Schottlands praktiziert. Es formierte sich hier erstmals eine Mannschaft auf klaren Positionen: Zwei Verteidiger, zwei Läufer und sechs Angreifer besetzten das Feld. Ihr Passspiel revolutionierte den Fußball. Vormals marschierte eine Reihe angreifender Dribbelkünstler in Richtung des Tores, nun lief der Ball durch die Reihen, es bildeten sich Pärchen: zwei in der Defensive, eins auf der rechten Sturmseite, eins auf der linken. Fußball hatte sich damit vollständig vom Rugby gelöst.

088 • BIER HOLEN •

Es kommt vor, dass beim Fußballgucken während des Spiels das Bier ausgeht. Statistiker haben berechnet, wann man am ehesten Nachschub holen kann, ohne ein Tor zu verpassen.

Erste Halbzeit .... 1.–5. Minute • 31.–40. Minute
Zweite Halbzeit .... 45.–50. Minute

089 • MÜNCHEN LEUCHTET •

Mit dem Wechsel der Spielstätten haben sich für die beiden Münchner Vereine, den FC Bayern München und den TSV 1860 München, auch die Lichtverhältnisse verändert. Alte Flutlichtanlagen haben eine äußerst geringe Lichtstärke (gemessen in Lux), neuere Anlagen eine hohe Lichtstärke mit hohem Stromverbrauch (gemessen in KW) und moderne Arenen eine hohe Lichtstärke mit geringem Stromverbrauch (durch die Verbesserung der Leuchtmittelqualität).

• Stadion an der Grünwalder Straße ab 1958/59 •

96 Scheinwerfer .... je 24 an vier Masten
Gesamtleistung .... KW 500
Beleuchtungsstärke .... Lux 800
Stromkosten pro Stunde .... Euro 37,50

• Olympiastadion ab 1972/73 •

556 Scheinwerfer .... je 139 an vier Masten
Gesamtleistung .... KW 1.946
Beleuchtungsstärke .... Lux 1.875
Stromkosten pro Stunde .... Euro 146,00

• Allianz Arena ab 2005/06 •

232 Scheinwerfer .... auf zehn Traversen
Gesamtleistung .... KW 464
Beleuchtungsstärke .... Lux zwischen 1.000 und 1.500
Stromkosten pro Stunde .... Euro 34,80

Ailton SV Werder Bremen .... Kugelblitz
Jörg Albertz Hamburger SV .... Hammer-Ali
Karl Allgöwer VfB Stuttgart .... Knallgöwer
Alessandro Altobelli Inter Mailand .... Die Nadel
Gerald Asamoah FC Schalke 04 .... Blondie
Faustino Asprilla AC Parma .... Die Gazelle
Raimond Aumann FC Bayern München .... Balu
Gordon Banks Leicester City .... Banks Of England
Enzo Bearzot Nationaltrainer Italien .... Der Schweiger
Franz Beckenbauer FC Bayern München .... Kaiser
Stefan Beinlich Hansa Rostock .... Paule
Dennis Bergkamp Arsenal London .... The Iceman
George Best Manchester United .... El Beatle
Laurent Blanc Manchester United .... Der Präsident
Winston Bogarde FC Chelsea .... Die Elster
Hannes Bongartz FC Schalke 04 .... Spargeltarzan
Rune Bratseth SV Werder Bremen .... Der Elch
Hans-Peter Briegel 1. FC Kaiserslautern .... Walz von der Pfalz
Ansgar Brinkmann Arminia Bielefeld .... Der weiße Brasilianer
Thomas Broich Borussia M'gladbach .... Mozart
Guido Buchwald VfB Stuttgart .... Diego
Emilio Butragueño Real Madrid .... Der Geier
Cacau VfB Stuttgart .... Kaba
Reiner Calmund Bayer 04 Leverkusen .... Der Dicke
Roberto Carlos Real Madrid .... Menschliche Kugel
Angelos Charisteas SV Werder Bremen .... Harry
Jack Charlton Leeds United .... Giraffe
Dettmar Cramer FC Bayern München .... Napoleon
Edgar Davids Juventus Turin .... Pit Bull
Anthony de Avila FC Barcelona .... Schlumpf
Harry Decheiver SC Freiburg .... Knipser

Sebastian Deisler FC Bayern München .... Basti Fantasti
Bernhard Dietz MSV Duisburg .... Enatz
Angelo di Livio AC Florenz .... Kleiner Soldat
Marius Ebbers 1. FC Köln .... Commander
Edmundo AC Florenz .... Das Tier
Stefan Effenberg Borussia M'gladbach .... Tiger
El Hadji Diouf FC Liverpool .... Serial Killer
Dieter Eilts SV Werder Bremen .... Eisen-Dieter, Ostfriesen-Alemão
Klaus Fichtel FC Schalke 04 .... Tanne
Torsten Frings SV Werder Bremen .... Lutscher
Garrincha Botafogo .... Der Schiefe
Thomas Gravesen FC Everton .... *(Gravedigger)* Totengräber
Ruud Gullit AC Mailand .... Schwarze Tulpe
Thomas Häßler 1. FC Köln .... Icke
Ernst Happel Hamburger SV .... Der Grantler
Vahid Hashemian VfL Bochum .... Hubschrauber
Jimmy Floyd Hasselbaink FC Chelsea .... Eddie Murphy
Sepp Herberger Nationaltrainer Deutschland .... Chef
Jupp Heynckes Borussia M'gladbach .... Osram
Ottmar Hitzfeld Borussia Dortmund .... General
Thomas Hitzlsperger Aston Villa .... The Hammer
Robert Huth FC Chelsea .... The Berlin Wall
Valdas Ivanauskas Hamburger SV .... Ivan, der Schreckliche
Kurt Jara MSV Duisburg .... Jolanda
Lew Jaschin Dynamo Moskau .... Schwarzer Panther
Vinnie Jones FC Wimbledon .... Die Axt
Nwankwo Kanu Arsenal London .... Die Schlange
Kevin Keegan FC Liverpool .... Mighty Mouse
Ulf Kirsten Bayer 04 Leverkusen .... Der Schwatte
Jürgen Klinsmann FC Bayern München .... Flipper
Ronald Koeman FC Barcelona .... Die Schneeflocke

• POKALSIEGER IN LIECHTENSTEIN • 091

Der Liechtensteiner Pokalwettbewerb wird seit 1946 jährlich ausgetragen. Der Pokalsieger ist heute berechtigt, an der Qualifikation zum Uefa-Cup teilzunehmen. Als einziger Liechtensteiner Verein schaffte der FC Triesenberg nie den Einzug ins Finale. Der FC Vaduz hingegen fand sich dort doch ein-, zweimal wieder.

1946 .... FC Triesen	1966 .... FC Vaduz	1986 .... FC Vaduz
1947 .... FC Triesen	1967 .... FC Vaduz	1987 ..... USV Eschen
1948 .... FC Triesen	1968 .... FC Vaduz	1988 .... FC Vaduz
1949 .... FC Vaduz	1969 .... FC Vaduz	1989 .... FC Balzers
1950 .... FC Triesen	1970 .... FC Vaduz	1990 .... FC Vaduz
1951 .... FC Triesen	1971 .... FC Vaduz	1991 .... FC Balzers
1952 .... FC Vaduz	1972 ..... FC Triesen	1992 .... FC Vaduz
1953 .... FC Vaduz	1973 ...... FC Balzers	1993 .... FC Balzers
1954 .... FC Vaduz	1974 .... FC Vaduz	1994 .... FC Schaan
1955 .... FC Schaan	1975 ..... FC Triesen	1995 .... FC Vaduz
1956 .... FC Vaduz	1976 .... USV Eschen	1996 .... FC Vaduz
1957 .... FC Vaduz	1977 .... USV Eschen	1997 .... FC Balzers
1958 .... FC Vaduz	1978 .... USV Eschen	1998 .... FC Vaduz
1959 .... FC Vaduz	1979 ...... FC Balzers	1999 .... FC Vaduz
1960 .... FC Vaduz	1980 .... FC Vaduz	2000 .... FC Vaduz
1961 .... FC Vaduz	1981 ...... FC Balzers	2001 .... FC Vaduz
1962 .... FC Vaduz	1982 ...... FC Balzers	2002 .... FC Vaduz
1963 .... FC Schaan	1983 ...... FC Balzers	2003 .... FC Vaduz
1964 .... FC Balzers	1984 ...... FC Balzers	2004 .... FC Vaduz
1965 .... FC Triesen	1985 .... FC Vaduz	2005 .... FC Vaduz

• REGELKUNDE IV • 092

Offizielle Fifa-Regeln, aus Regel 4 (Ausrüstung der Spieler).

Jeder Torhüter muss sich in der Farbe der Sportkleidung von den anderen Spielern, vom Schiedsrichter und dessen Assistenten unterscheiden ....

093 • ES GIBT KEINE KLEINEN MEHR V •

Liechtenstein Versuchte sich in der WM-Qualifikation 1998 und 2002. 0 Siege, 18 Niederlagen, 0 Unentschieden. Torverhältnis 3:75.

094 • ALTSTARS IN DER NASL •

Manche Menschen verstehen unter der NASL die Nessus Attack Scripting Language, eine Skriptsprache zur Erstellung von Angriffs-Plug-Ins für Nessus. Das ist schön für diese Menschen. Hier ist mit der NASL die North American Soccer League gemeint; diese ging 1968 hervor aus der United Soccer Association und der National Professional Soccer League, die beide 1967 in den USA gegründet wurden. Die hier gemeinte NASL existierte bis 1984 und gab manch bekanntem Spieler Gelegenheit, am Karriereende noch locker ein wenig zu kicken – für gutes Geld, ganz klar.

Dick Advocaat **Holland** .... Chicago Sting
Carlos Alberto **Brasilien** .... Cosmos New York
Alan Ball **England** .... Vancouver Whitecaps
Gordon Banks **England** .... Fort Lauderdale Strikers
Peter Beardsley **England** .... Vancouver Whitecaps
Franz Beckenbauer **Deutschland** .... Cosmos New York
George Best **Nordirland** .... L. A. Aztecs, Fort Lauderdale Strikers
Giorgio Chinaglia **Italien** .... Cosmos New York
Johan Cruyff **Holland** ... Los Angeles Aztecs, Washington Diplomats
Trevor Francis **England** .... Detroit Express
Karl-Heinz Granitza **Deutschland** .... Chicago Sting
Ruud Krol **Holland** .... Vancouver Whitecaps
Bobby Moore **England** .... San Antonio Thunder, Seattle Sounders
Gerd Müller **Deutschland** .... Fort Lauderdale Strikers
Johan Neeskens **Holland** .... Cosmos New York
Pelé **Brasilien** .... Cosmos New York
Hugo Sánchez **Mexiko** .... Dallas Burn
Nobby Stiles **England** .... Vancouver Whitecaps
Horst Szymaniak **Deutschland** .... St. Louis Stars

• FUSSBALL UND MUSIK II • 095

„Lonely Boy“ (Paul Anka), gesungen von Hans Krankl, veröffentlicht 1985 unter dem Pseudonym „Johann K.“.

„I bin hoit gonz alla, niemand mog mi – I konn nur waana, und woatn auf di – I hob doch olles, wos ma ho'm kon – Doch oll's wos i hob, mi schaut kane on – Irgendwo, irgendwem muaß doch a für mi geb'n – A bisserl a Liebe braucht jeder im Le'm – I suach nur ane, die zu mir sogt – Ob heut bist Du meina, weul i di mog – I bin hoit gonz alla, kaner mog mi – I konn nur wana, weu Du möd'st Di nie – I hob doch olles, wos ma ho'm kon – Doch oll's wos i hob, mi wü kana hob'n – Irgendwie, irgendwo, irgendwem muaß doch a für mi geb'n – A bisserl a Liebe braucht jeder zum Leb'n – I suach nur jemand, der zu mir sogt – Ob heut bleib' i bei Dir, weil i Di mog – I bin hoit gonz alla, niemand mog mi – I, I ko, I kon nur wana, und wort'n auf Di – I hob do ois, wos ma hob'n ko – Doch ois, wos i hob, mi schaut kana oh – Reini, warum wü mi kana – *CHOR:* Oba Hons, di woll'n di do eh! – Geh, des stimmt do net – I waaß net, wos i mochn soll, I ruaf die Kummanumma on!“ ....

• 149 TORE • 096

Die Spieler von Stade l'Emyrne auf Madagaskar stellten 2002 im Ligaspiel gegen Meister AS Adema einen Rekord auf. Nach einem Streit ihres Trainers mit dem Schiedsrichter schossen sie den Ball aus Protest ins eigene Tor und wiederholten dies nach jedem Anstoß. Am Ende stand es 149:0 für Adema – bisher die meisten Eigentore und der höchste Sieg in einem Erstligaspiel. In der Folge wurde Trainer Zaka Be vom Verband für drei Jahre gesperrt und erhielt für diese Zeit auch Stadionverbot. Die Spieler Mamisoa Razafindrakoto (Torwart), Manitranirina Andrianiaina (Kapitän), Nicolas Rakotoarimanana und Dominique Rakotonandrasana wurden für eine Saison gesperrt ....

In der Welt des organisierten Fußballs tauchen Obdachlose nicht auf, allenfalls, wie in jedem Showgeschäft, als Empfänger von Almosen. Natürlich spielen aber auch Obdachlose Fußball, wenn es ihnen möglich ist. Mittlerweile gibt es sogar eine WM, die vom INSP organisiert wird, dem „International Network of Streetpapers". Das ist ein weltweiter Verbund von Obdachlosenzeitungen. 2003 fand die erste WM in Graz statt, 2004 die zweite in Göteborg, 2005 die dritte in Edinburgh. Viele Spieler sagten nach den Turnieren, sie hätten neue Motivation für das Leben gefunden. Folgende Teams haben bisher an den Weltmeisterschaften teilgenommen:

Afghan .... **Österreich**
Art works FC .... **USA**
ASAFE Camaroes .... **Kamerun**
Big Issue Australia .... **Australien**
Big Issue in the North .... **England**
Big Issue Japan .... **Japan**
Big Issue Namibia .... **Namibia**
Big Issue SA .... **Südafrika**
Big Issue Scotland .... **Schottland**
Cais .... **Portugal**
Canucks .... **Kanada**
Crianza esperanza .... **Brasilien**
Danish Dynamite .... **Dänemark**
Dawn-Hong Kong .... **Hongkong**
Donaustrudl .... **Deutschland**
Factor S .... **Uruguay**
Faktum .... **Schweden**
FC Sverige Stars .... **Schweden**
Haags Straatnieuws ... **Niederlande**
Harbour Light .... **Norwegen**
Hecho en BsAs .... **Argentinien**
Hope Burundi .... **Burundi**
Hus Forbi .... **Dänemark**
Irland .... Issues Magazine
Frankreich .... La Voute
Österreich .... Megaphon
Spanien .... Milhistorias
Italien .... MultiEtnica 2001
USA .... New Yorkers
Slowakei .... Nota bene
Tschechien .... Novy Prostror
Brasilien .... Ocas
Polen .... Polish Eagles
Polen .... Polska
Russland .... Put domoj
Nigeria .... Search and Groom
Niederlande .... Straat
Niederlande .... Straatnieuws
Kenia .... Styria Kenya
Schweiz .... Surprise
Österreich .... Team Austria
Deutschland .... Team Germany
Wales .... Welsh Dragons
Ukraine .... Way home
Sambia .... Youth Academy

Matthias Anklam .... Buchhalter
Ralf Brombacher .... Diplom-Betriebswirt
Dr. Felix Brych .... Jurist
Christian Dingert .... Diplom-Verwaltungswirt
Dr. Jochen Drees .... Arzt
Herbert Fandel .... Konzertpianist
Christian Fischer .... Studienrat
Dr. Helmut Fleischer .... Arzt
Thomas Frank .... Krankenkassenfachwirt
Peter Gagelmann .... Karosserieflanscher
Manuel Gräfe .... Sportwissenschaftler
Norbert Grudzinski .... Groß- und Außenhandelskaufmann
Holger Henschel .... Rechtsanwalt
Jürgen Jansen .... Versicherungsfachwirt
Michael Kempter .... Bankkaufmann
Jörg Keßler .... Vertriebsleiter
Thorsten Kinhöfer .... Controller
Knut Kircher .... Maschinenbauingenieur
Torsten Koop .... Lehrer, Sportartikelrepräsentant Adidas
Markus Kuhl .... Student
Stefan Lupp .... Student
Dr. Markus Merk .... Zahnarzt
Florian Meyer .... Kanzleileiter
Günter Perl .... Groß- und Außenhandelskaufmann
Mike Pickel .... Vertriebsleiter
Babak Rafati .... Bankkaufmann
Michael Sahler .... Diplom-Betriebswirt
Georg Schalk .... Stellvertretender Redaktionsleiter
Stefan Schempershauwe .... Polizist
Detlef Scheppe .... Dipl.-Ing. Elektrotechnik
Markus Schmidt .... Referent Personalentwicklung

Christian Schößling .... Rechtsanwalt
Thorsten Schriever .... Verwaltungsfachangestellter
Marc Seemann .... Student
Peter Sippel .... Diplom-Betriebswirt
André Stachowiak .... Laborleiter Qualitätssicherung
Wolfgang Stark .... Bankkaufmann
Dr. Franz-Xaver Wack .... Zahnarzt
Lutz Wagner .... Fertigungsleiter
Wolfgang Walz .... Rettungswachenleiter DRK
Michael Weiner .... Polizist
Tobias Welz .... Polizist
Guido Winkmann .... Polizist

099 • FUSSBALL IN ÖSTERREICH •

Ausschuss .... Torabstoß
Corner .... Eckball
Eiergoalie .... Fliegenfänger
Fersler .... Pass mit der Hacke
Gaberln .... Ball hochhalten
Gurkn, Gurkerl oder Steirerpass .... Beinschuss
Höhsche .... Spiel Fünf-gegen-Zwei
Insultierung .... Schiedsrichterbeleidigung
Köpfler .... Kopfball
Krachn .... scharfer Schuss
Öfa, Penalty .... Strafstoß
Offside .... Abseitsstellung
Schinkerl .... Tritt gegen das Bein des Gegners
Stange .... Pfosten
Stangerlpass .... Pass in den Strafraum entlang der Grundlinie
Wuchtel .... Ball

• DER MAGNUS-EFFEKT • 100

Das Geheimnis guter Freistöße wurde recht früh bekannt. Der Magnus-Effekt, entdeckt 1852 von Heinrich Gustav Magnus, bezeichnet ein Phänomen der Strömungsmechanik: die Querkraftwirkung auf eine rotierende Kugel. Dreht sich der Ball im Flug, verlässt er seine gerade Flugbahn. Entscheidend sind zwei Faktoren: wie weit außen der Ball getreten wird und wie fest. Beispiel: In einer Linksdrehung (verursacht mittels Anschneiden durch Treffen des Balles rechts von der Mitte) erhöht sich der Luftdruck auf der rechten Seite und die Flugbahn beschreibt eine Linkskurve ....

• ALTE WÄHRUNG • 101

Transferausgaben der Bundesligisten vor der Saison 1980/81.

Hamburger SV u.a. Franz Beckenbauer, ablösefrei	2.424.000 DM
1. FC Köln u.a. Rainer Bonhof **1.4 Mio DM**	2.225.000 DM
FC Bayern München u.a. Calle Del'Haye **1.1 Mio DM**	2.215.000 DM
TSV 1860 München u.a. Rudi Völler **700.000 DM**	2.170.000 DM
1. FC Nürnberg u.a. Wolfgang Frank **790.000 DM**	2.050.000 DM
Bayer 05 Uerdingen u.a. Heinz-Werner Eggeling **1.1 Mio DM**	2.020.000 DM
Arminia Bielefeld u.a. Wolfgang Kneib **650.000 DM**	2.000.000 DM
Bayer 04 Leverkusen u.a. Wolfgang Vöge **700.000 DM**	1.572.000 DM
Borussia Dortmund u.a. Rüdiger Abramczik **1.1 Mio DM**	1.390.000 DM
1. FC Kaiserslautern u.a. Friedhelm Funkel **750.000 DM**	1.276.326 DM
VfB Stuttgart u.a. Karl Allgöwer **725.000 DM**	1.275.000 DM
FC Schalke 04 u.a. Kurt Jara **800.000 DM**	955.000 DM
Eintracht Frankfurt u.a. Michael Sziedat **705.000 DM**	705.000 DM
MSV Duisburg u.a. Rudi Gores **600.000 DM**	630.000 DM
Karlsruher SC u.a. Emanuel Günther **350.000 DM**	530.000 DM
VfL Bochum u.a. Christian Gross **220.000 DM**	487.500 DM
Borussia M'gladbach u.a. Markus Mohren **5000 DM**	209.000 DM
Fortuna Düsseldorf u.a. Günter Kuczinski **175.000 DM**	195.000 DM

102 • AUSWAHL HÄSSLICHER TRIKOTS •

Karlsruher SC 1997/98 Design Weiß-blaue Streifen von den Schultern ausgehend, lösen sich nach unten auf. Genannt: *Der Wasserfall* Hersteller Adidas Stand besonders gut Sergej Kirjakow ....

1. FC Köln 1997/98 Design Rot, dazu gelb-orangefarbene Ärmel mit Wabenmuster Hersteller Puma Stand besonders gut Dirk Schuster ....

VfL Bochum 1997/98 Design Rechte Hälfte blau, linke Hälfte regenbogenfarben. Genannt: *Die Tropenvögel* Hersteller Uhlsport Stand besonders gut Georgi Donkov ....

Hansa Rostock 1996/97 Design Weiß-blauer Kragen, roter Seitenstreifen, blaue und rote Dreiecke, klein gemusterte Schultern Hersteller Erima Stand besonders gut Mike Werner ....

Rot-Weiß Essen 1996/97 Design Weiß mit unterbrochenen rot-schwarzen Streifen. Genannt: *Die Blutenden* Hersteller Asics Stand besonders gut Angelo Vier ....

Deutsche Nationalmannschaft 1994 Design Weiß, gold-schwarz-rote Karos über Brust und Schultern. Genannt: *Harlekin-Trikot* Hersteller Adidas Stand besonders gut Andreas Möller ....

103 • JÜNGSTE BUNDESLIGA-DEBÜTANTEN •

Name	Jahre	Monate	Tage
Nuri Sahin Borussia Dortmund	16	11	1
Jürgen Friedl Eintracht Frankfurt	17	0	26
Ibrahim Tanko Borussia Dortmund	17	1	30
Christian Wörns Waldhof Mannheim	17	3	30
Christian Wück 1. FC Nürnberg	17	4	11
Marc-André Kruska Borussia Dortmund	17	4	14
Dirk Drescher VfL Bochum	17	5	14
Rüdiger Abramczik FC Schalke 04	17	5	25
Franco Foda 1. FC Kaiserslautern	17	5	26
Bernd Thiele FC Schalke 04	17	7	5

• EINE SCHÖNE AUSWAHL AN MASKOTTCHEN • 104

Verein	Maskottchen	Name
1. FC Köln	Geißbock	Hennes
MSV Duisburg	Zebra	Namenlos
Eintracht Frankfurt	Adler	Attila
KFC Uerdingen	Elefant	Grotifant
Borussia Dortmund	Biene	Emma
FC Bayern München	Bär	Berni
VfB Stuttgart	Krokodil	Fritzle
FC Schalke 04	Bergmann	Erwin
Hamburger SV	Dinosaurier	Hermann
Hertha BSC	Bär	Herthinho
SV Werder Bremen	Heidschnuckenbock	Pico (a.D.)
VfL Wolfsburg	Wolf	Wölfi
Bayer 04 Leverkusen	Löwe	Brian
Borussia M'gladbach	Fohlen	Jünther
Alemannia Aachen	Kartoffelkäfer	Al-Aix
1. FC Kaiserslautern	Teufel	Betzi
SC Preußen Münster	Adler	Fiffi
SpVgg Greuther Fürth	Drache	Eddy
Stuttgarter Kickers	Elefant	Flori
SC Freiburg	Fuchs	Füchsle
Rot-Weiß Oberhausen	Bär	Kleebär
FC Energie Cottbus	Fantasiefigur	Lauzi
SV Wacker Burghausen	Pandabär	Panda
1. FC Union Berlin	Ritter	Eisenhart
1. FC Nürnberg	Ritter	Frankie
KSV Holstein Kiel	Storch	Namenlos
SpVgg Unterhaching	Tiger	Tiger
VfB Lübeck	Elch	Tore
Fortuna Köln	Hahn	Riki
Erzgebirge Aue	Plüsch-Baby	Schachtscheißer

105 • ES GIBT KEINE KLEINEN MEHR VI •

Malta Versuchte sich erstmals in der WM-Qualifikation 1974. Seither: 1 Sieg, 56 Niederlagen, 5 Unentschieden. Torverhältnis 21:189.

106 • SCHIEDSRICHTERBALL •

Den Schiedsrichterball gibt es nicht oft, aber selbstverständlich ist für den Fall der Fälle alles geregelt. Allgemein ist zu sagen: Ein Schiedsrichterball wird gegeben, wenn das Spiel unterbrochen wird, ohne dass einer der Spieler gegen die Spielregeln verstoßen hat und sich der Ball innerhalb des Spielfeldes befindet. Das sieht folgendermaßen aus: Der Schiedsrichter hält den Ball auf der ausgestreckten Hand und lässt ihn dann aus Brusthöhe fallen. Der Ball ist wieder im Spiel, sobald er den Boden erreicht hat, ohne dass ihn zuvor ein Spieler berührt hat. Die Wortspieler unter den Schiedsrichtern nennen auch von Schiedsrichtern veranstaltete Tanzveranstaltungen Schiedsrichterball, worauf nicht näher eingegangen werden soll. Bei Fußballspielen gibt es einen Schiedsrichterball zum Beispiel in folgenden Situationen:

Spieler begehen Tätlichkeiten außerhalb des Platzes, z.B. Prügelei (**selten**) • Ein Spieler verletzt sich, obwohl kein Foulspiel vorangegangen ist (**kommt vor**) • Der Schiedsrichter erkennt einen eigenen Irrtum (**äußerst selten**) • Eine nicht zum Spiel gehörende Person läuft auf das Spielfeld, engl. Fachausdruck: streaker oder prankster (**immer häufiger**) • Witterungseinflüsse machen eine sofortige Spielunterbrechung notwendig (**selten**) • Störender Einfluss von Spielern, die sich von außerhalb des Spielfeldes bemerkbar machen (**selten**) • Ein zweiter Ball befindet sich auf dem Spielfeld (**kommt vor**) • Der Ball wird unbrauchbar, z.B. weil er platzt (**selten**) ....

107 • BOMBER DER NATION IV •

Spieler	Land	Ligaspiele	Tore
Bert de Cleyn	Belgien	395	**350**
KV Mechelen			1932–1954

Club Social y Deportivo Colo-Colo • Chile Benannt nach Colo Colo, einem berühmten Mapuche-Führer. Die Mapuche siedelten auf dem heutigen Gebiet Chiles und Argentiniens und widersetzten sich, standhafter und erfolgreicher als andere, der spanischen Kolonisation. Bei der Gründung des Klubs im April 1925 spielte all das eine Rolle. Das Beispiel Colo Colos passte zur angestrebten Vereinsphilosophie: rein im Herzen bleiben, kämpfen bis zum Letzten, Schmerz wegstecken und natürlich immer weitermachen. Für die strikte Umsetzung dieses Plans wurde man bislang mit 23 Sternen belohnt – für jede Meisterschaft mit einem. Zudem war der Verein zehnmal nationaler Pokalsieger und gewann 1991, als erster chilenischer Verein, den wichtigsten südamerikanischen Vereinswettbewerb, die *Copa Libertadores*. Deportivo Colo-Colo ist Chiles erfolgreichster Verein ....

Club Atlético Vélez Sarsfield • Argentinien 1909, Buenos Aires, ein Fußballspiel wird vom Wetter beendet: Es regnet. Drei Männer flüchten in den nahen Tunnel der Vélez-Sarsfield-Bahnstation und spielen dort weiter. Am 1. Januar 1910 gründeten sie einen neuen Verein – benannt nach dem Ort, an dem sie die Idee dazu hatten. Vielleicht war es so, zumindest wird es als Legende erzählt. Die Bahnstation jedenfalls war benannt nach dem argentinischen Historiker, Übersetzer, Patrioten, Kongressdelegierten und Richter Dalmazio Vélez Sarsfield (1801–1875), der berühmt wurde, indem er die Verfassungsreform 1860 vorbereitete. Eine britische Zeitung behauptete einmal, es gebe einen zusätzlichen Grund für die Namensgebung des Vereins: Der paraguayanische Torwart José Luis Chilavert, der bei Vélez Sarsfield spielte, habe eine Klappe, mindestens so groß wie besagter Bahntunnel ....

Julius Berger • Nigeria Der Name ist der des Sponsors – Julius Berger Nigeria PLC aus Abuja, einer Tochterfirma der deutschen Bilfinger Berger AG, befasst mit Hoch- und Industriebau. Die späteren

Bundesligaprofis Sunday Oliseh und Jonathan Akpoborie begannen bei Julius Berger in Lagos ihre Karrieren. Julius Berger gewann zweimal die nigerianische Meisterschaft ....

Jorge Wilstermann • Bolivien Der Flughafen und der Fußballverein von Cochabamba, 220 Kilometer südöstlich der bolivianischen Hauptstadt La Paz gelegen, haben den Namensgeber gemeinsam. Jorge Wilstermann Camacho war der erste bolivianische Pilot der Lloyd Aéreo Boliviano. Mitarbeiter der Fluggesellschaft gründeten den Verein zunächst unter dem Namen San José de la Banda. Als Wilstermann starb, verfügte der Chef des Unternehmens, dass Flughafen und Fußballverein nach dem Verstorbenen benannt werden sollten. So geschah es. Man schrieb das Jahr 1958. Das Vereinslogo ist ein *W* mit Flügeln. Nur der Klub „The Strongest La Paz“ sollte in Bolivien einen ungewöhnlicheren Namen erhalten ....

Club Atlético Newell's Old Boys • Argentinien Die Vereinsfarben sind schwarz und rot – was Großbritannien und Deutschland repräsentieren soll. Isaac Newell war Brite, 1884 in Kent geboren, und hatte eine deutsche Frau. Er gründete in Rosario, Argentinien, eine anglo-argentinische Wirtschaftsschule. Fußball hieß im Argentinien des beginnenden 20. Jahrhunderts „das verrückte englische Spiel“, und so benannten Newells Schüler und sein Sohn Claudius ihren Fußballklub nach dem Briten; das war am 3. November 1903. Gründungsort war die Entre Rios Street, in der später, 1928, Che Guevara geboren wurde. Allerdings war Che Guevara bekennender Fan des anderen Teams in Rosario, des blau-gelb gewandeten Eisenbahnarbeiterklubs Rosaria Central. Das war der Grund, warum Diego Maradona fast nicht bei den Old Boys angeheuert hätte. Er tat es dann doch. Am 13. September 1993, gegen Ende seiner Karriere, unterschrieb er 32-jährig bei den Newell's Old Boys und machte deren Namen alle Ehre. 30.000 Fans verfolgten seine erste Trainingseinheit ....

• APOTHEKE – NATÜRLICH • 109

Dieter Trzolek ist Physiotherapeut von Bayer 04 Leverkusen und Urheber zahlreicher, zunächst seltsam anmutender Methoden zur Heilung bei Sportverletzungen. Freundlicherweise verrät er immer wieder ein paar seiner Tricks.

Bei Eisenmangel .... Einen Apfel essen, in dem über Nacht sechs Nägel steckten
Bei Muskelkater .... Eine Flasche Bier
Bei Knieschmerzen .... Feuchte Weißkohlblätter um das Knie wickeln
Bei Wadenkrämpfen .... Zwei Liter Wasser täglich und Bananen
Bei Sehnenscheidenentzündungen .. Einen Sud aus Cystusteekraut auftragen
Bei Schmerzen im Ischiasnerv .... Senf aufstreichen

• WIR SIND NUR EIN KARNEVALSVEREIN? I • 110

1. FC Köln, gegründet Februar 1948 (Fusion zwischen dem Kölner BC 01 und der SpVgg Sülz 07).

Örtliche Konkurrenz • Auswahl Die Grosse von 1823 Karnevalsgesellschaft e.V. • Große K.G. Greesberger e.V. Köln von 1852 • Kölner K.G Blomekörfge 1867 e.V. • Große Kölner K.G. e.V. von 1882 • K.G. Alt Köllen von 1883 e.V. • „Große Allgemeine" K.G. von 1900 Köln e.V. • Alte Kölner K.G. „Schnüsse Tring" 1901 e.V. • Große Mühlheimer K.G. e.V. gegr. 1903 • Kölner K.G. „Nippeser Bürgerwehr" 1903 e.V. • Kölner K.G. „Fidele Zunftbrüder" von 1919 e.V. • Große K.G. „Frohsinn" Köln von 1919 e.V. • K.G. UHU von 1924 e.V. Köln-Dellbrück • K.G. Sr. Tollität Luftflotte e.V. 1926 • Große Dünnwalder K.G. 1927 e.V. (Fidele Jonge)• Große K.G. Närrische Insulaner Köln e.V. 1927 • K.G. Fidele Burggrafen e.V. 1927 • Große Sülz-Klettenberger K.G. e.V. von 1928 • K.G. „Die Falkensteiner" von 1931 e.V. Köln-Kalk • Flittarder K.G. von 1934 e.V. • Kölner Karnevalsgesellschaft „Mer Blieve Zesamme" e.V. von 1937 • K.G. „Löstige Höhenhuuser" 1939 e.V. • Kölnische Karnevalsgesellschaft 1945 e.V. • K.G. „Mülheimer Narrenzunft" 1948 e.V. • Große Höhenhauser Karnevals-Gesellschaft Naaksühle

1949 e.V. • Löstige Paulaner Kölner K.G. von 1949 e.V. • Kölner K.G. tafaba 1949 e.V. • Große Ehrenfelder K.G. „RHEINFLOTTE“ e.V. 1951 • K.G. Alt-Severin e.V. 1951 „Mit den Winzern und Winzerinnen vun d'r Bottmüll“ • K.G. Müllemer Junge Alt Mülheim e.V. 1951 • Deutzer K.G. „Schäl Sick“ vun 1952 e.V. • Kölner Karnevalsgesellschaft Blau-Weiß 1956 e.V. • K.G. „Schwazze Kääls“ e.V. von 1956 • K.G. Kölsche Lotterbove e.V. 1957 • Kölle Blieve Kölle Karnevals-Gesellschaft von 1960 • KKG Alt-Lindenthal e.V. 1967 • K.G. Kölsche Narren Gilde von 1967 e.V. • KKG Alt-Lindenthal e.V. 1967 • K.G. Kölsche Narren Gilde von 1967 e.V. • K.G. Blau-Rot 1969 e.V. Köln Dellbrück • K.G. „Die Isenburger“ Köln-Holweide 1974 e.V. • Große Braunsfelder Karnevals-Gesellschaft von 1976 e.V. • 1. Kleine K.G. „Löstige Innenstädter“ von 1980 e.V. ....

111 • TOR IN VENEDIG •

Gern werden Roman- und Filmtitel ein wenig umgewidmet, gerade so weit, dass sie den Bedürfnissen des Fußballs genügen. Hier einige Beispiele, die natürlich nie wieder vorkommen dürfen.

Match ohne Eigenschaften • Der zwölfte Mann • Herrn Millas Gespür fürs Tor • Mein Name sei Uwe Bein • Der Vollstrecker aus verlorener Ehre • Jäger des verlorenen Platzes • Aus der Mitte entspringt ein Schuss • Der Torminator • Der Torminator II • Wenn's beim Tormann zweimal klingelt • Der Mann mit dem goldenen Schuh • El Torado • Schuss ohne Wiederkehr • Die glorreichen Elf • Die Verwirrungen des Zöglings Torlos • Brennpunkt Bremen • Tanz der Roten Teufel • Fahrenheit 4-4-2 • Das Tor und der Tod • 2001 – Odyssee im Strafraum • Citizen Kahn • Der Fliegenfänger im Roggen • Tore tragen keine Karos • Zwei torreiche Halunken • Kohler rennt ....

• BRÜDER IM FUSSBALL • 112

Klaus und Thomas Allofs .... Fortuna Düsseldorf
Hamit und Halil Altintop .... FC Schalke 04 • 1. FC Kaiserslautern
Roberto und Edy Baggio .... Brescia Calcio • Salernitana Sport
Franco und Giuseppe Baresi .... AC Mailand • Inter Mailand
Guillermo und Gustavo Barros Schelotto .... Boca Juniors • River Plate
Ronald und Frank de Boer .... Ajax Amsterdam
Fabio und Paolo Cannavaro .... Juventus Turin • AC Parma
Jack und Bobby Charlton .... Manchester United • Leeds United
Bernd und Gert „Charly" Dörfel .... Hamburger SV
Rio und Anton Ferdinand .... Manchester United • West Ham United
Emanuele und Antonio Filippini .... AC Parma • Brescia Calcio
Bernd und Karlheinz Förster .... VfB Stuttgart
Friedhelm und Wolfgang Funkel .... KFC Uerdingen
Bjarni und Thórdur Gudjonsson .... VfL Bochum
Dietmar und Matthias Hamann .... FC Liverpool • LR Ahlen
Dieter und Uli Hoeneß .... VfB Stuttgart • FC Bayern München
Claudio and Dario Husain .... River Plate • Vélez Sarsfield
Filippo und Simone Inzaghi .... AC Mailand • Lazio Rom
Daniel und Niclas Jensen .... SV Werder Bremen • Borussia Dortmund
Martin und Mats Jørgensen .... Udinese Calcio • Ancona Calcio
Nwankwo und Christopher Kanu .... Arsenal London
Willy und René van de Kerkhof .... PSV Eindhoven
Niko und Robert Kovac .... Hertha BSC Berlin • Juventus Turin
Helmut und Erwin Kremers .... FC Schalke 04
Brian und Michael Laudrup .... FC Bayern München • FC Barcelona
Tommy und Peter Løvenkrands .... Esbjerg FB • Glasgow Rangers
Malte und Christoph Metzelder .... VfR Aalen • Borussia Dortmund
Federico und Fabrizio Miccoli .... AC Perugia
Emile und Mbo Mpenza .... Hamburger SV • RSC Anderlecht
Gary und Phil Neville .... Manchester United
Chris und Kennet Obodo .... AC Perugia

Karl-Heinz und Michael Rummenigge .... FC Bayern • Borussia Dortmund
Ebbe und Peter Sand .... FC Schalke 04 • Stabæk IF
Andreas und Oliver Schmidt .... Hertha BSC Berlin
Dieter und Uwe Seeler .... Hamburger SV
Christian und Massimiliano Vieri .... Inter Mailand • Hellas Verona
Rod, Ray und Danny Wallace .... FC Southhampton
Fritz und Ottmar Walter .... 1. FC Kaiserslautern
Niclas und Dennis Weiland .... FSV Mainz 05
Murat und Hakan Yakin .... FC Basel • Young Boys Bern
Damiano und Cristiano Zenoni .... Atalanta Bergamo • Juventus Turin
Andreas und Michael Zeyer .... SC Freiburg • MSV Duisburg

113 • STADIONBIER •

Pro Spieltag werden pro Bundesliga-Stadion im Schnitt rund 48.000 Liter Bier getrunken. Zur Herstellung dieser Menge Bier wird – je nach Sorte – Folgendes benötigt:

Malz	8.112 kg	Hopfen	48–144 kg
Hefe	240–288 l	Wasser	62.400–67.200 l

Es gilt das Deutsche Reinheitsgebot von 1516. Das Stadionbier hat eine Stammwürze von zirka zwölf Prozent und einen Alkoholgehalt von zirka fünf Prozent. Ein Liter Bier hat einen Nährwert von rund 480 Kilokalorien. Es werden jedoch in vielen Stadien mittlerweile alkoholfreie Biere ausgeschenkt. Der Alkoholgehalt dieser Biere liegt – je nach Herstellungsprozess – nur noch zwischen 0,02 und 0,5 Prozent.

114 • REGELKUNDE V •

Offizielle Fifa-Regeln, aus Regel 4 (Ausrüstung der Spieler).

Ein Spieler darf keine Kleidungsstücke oder Ausrüstungsgegenstände tragen, die für ihn oder einen anderen Spieler eine Gefahr darstellen (einschließlich jeder Art von Schmuck) ....

Celestine Babayaro FC Chelsea – bejubelte 1997 bei seinem Debüt für Chelsea ein Tor im Vorbereitungsspiel gegen Stevenage Borough mit einem Rückwärts-Salto. Brach sich dabei ein Bein ....

Stefan Barlin Djurgården Stockholm – bejubelte 2001 ein Tor gegen Hammarby, indem er rannte und immer wieder in die Luft sprang, wobei er eine Faust nach oben reckte. Stoppte plötzlich, griff sich ans Bein. Zerrung. Musste ausgewechselt werden, pausierte zwei Wochen ....

Paulo Diogo Servette Genf – traf 2004 gegen Schaffhausen, lief vom Spielfeld zur Tribüne und jubelte mit den Fans, wobei er sich mit seinem Ehering am Zaun verhakte, was dazu führte, dass er sich den halben Finger abriss. Schiedsrichter Florian Etter zeigte Diogo wegen zu ausgiebigen Jubelns die gelbe Karte. Der Finger konnte nicht wieder angenäht werden ....

Shaun Goater Manchester City – traf in der Saison 1997/98 im Relegationsspiel bei Stoke City, fiel beim Jubeln auf seinen Arm, welcher brach. Musste ausgewechselt werden ....

Shaun Goater Manchester City – bejubelte in der Saison 2002/03 in Birmingham ein Tor des Teamkollegen Nicolas Anelka, indem er in eine Werbebande trat. Zog sich dabei eine Knieverletzung zu. Musste ausgewechselt werden ....

Thierry Henry Arsenal London – erzielte 2000 in der Partie gegen Chelsea sein zweites Tor, es war das Siegtor (2:1). Lief zum Feiern an die Eckfahne. Musste dann behandelt werden, weil er sich mit der Eckfahne ins Gesicht geschlagen hatte ....

Gábor Király Hertha BSC Berlin – bejubelte 2004 das zweite Berliner Tor beim 3:1-Sieg in Hannover recht exzessiv, der Ersatztorwart sprang von der Bank auf und zog sich bei der Landung einen Muskelfaserriss in der Wade zu ....

Martin Palermo FC Villarreal – traf im spanischen Pokal 2001 gegen CD Levante, lief zu den Fans. Eine Mauer vor der Tribüne gab

unter dem Gewicht der jubelnden Fans nach und fiel auf Palermo, der sich Schien- und Wadenbein brach ....
Patrick Vieira Arsenal London – erzielte 1997 das zweite Tor für Arsenal bei einem 3:2 gegen Manchester United. Bejubelte den Treffer, indem er auf beiden Knien über den Rasen rutschte. Musste in der Halbzeit ausgewechselt werden und fehlte fünf Wochen wegen Knieproblemen ....

116 • AUF DEM GOLFPLATZ •

Franz Roth geboren 1946	Handicap	5
Klaus Fischer geboren 1948	Handicap	6
Helmut Kremers geboren 1949	Handicap	6
Jürgen Grabowski geboren 1944	Handicap	7
Franz Beckenbauer geboren 1945	Handicap	7
Sepp Maier geboren 1944	Handicap	7,5
Kevin Keegan geboren 1951	Handicap	10
Rainer Bonhof geboren 1952	Handicap	11
Bernd Schuster geboren 1959	Handicap	13
Dieter Hoeneß geboren 1953	Handicap	13
Thomas Allofs geboren 1959	Handicap	15
Karl-Heinz Riedle geboren 1965	Handicap	15
Andreas Brehme geboren 1960	Handicap	16
Uli Hoeneß geboren 1952	Handicap	18
Oliver Bierhoff geboren 1968	Handicap	21
Thomas Berthold geboren 1964	Handicap	22
Winfried Schäfer geboren 1950	Handicap	22
Lothar Matthäus geboren 1961	Handicap	26
Harald Schumacher geboren 1954	Handicap	26
Oliver Kahn geboren 1969	Handicap	27
Klaus Allofs geboren 1956	Handicap	28

• SELTENE SAMMELBILDER • 117

Seit Mitte der Neunzigerjahre sind in den Klebealben zu WM- und EM-Turnieren die Sammelbilder einzelner Spieler, manchmal auch kompletter Mannschaften, äußerst selten. Hersteller Panini sagt, dass von allen Bildern gleich viele hergestellt werden. Die Tatsache, dass einzelne Bilder dennoch so selten sind, hat den Ehrgeiz der Sammler nur weiter gesteigert, was zum Erwerb vieler Bilder-Tütchen führt, gefüllt mit Bildern, die der Sammler längst besitzt. So entsteht ein Tauschhandel.

1994 WM .... **Selten** Südkorea, Nigeria
1996 EM .... **Selten** Ehrentafel der Europameisterschaften
1998 WM .... **Selten** England
2000 EM .... **Selten** England, Rumänien, Dänemark
2002 WM .... **Sehr selten** Irland
2004 EM .... **Gar nicht zu kriegen** Oliver Kahn und halb Dänemark

• AN DER EIGENEN THEKE • 118

Othmar Bajlicz Genannt „Der burgenländische George Best", 1974/75 Meister mit Wacker Innsbruck, außerdem: Vöest Linz, Eisenstadt ....
Chelsea Musicplace Lerchenfeldergürtel, U-Bahnbögen 29–30, Wien

•••

Thomas Bickel 1988/89 FC Zürich, 1989–1996 Grasshopper-Club Zürich ....
Schmuklerski Anker-, Ecke Badenerstraße, Zürich ....

•••

Rui Costa 1991–1994 Benfica Lissabon, 1994–2001 AC Florenz, seit 2001 AC Mailand
Clube do Frango Avenida Colonel Eduardo Gal Hardo 26, Lissabon

•••

Luis Figo 1985–1995 Sporting Lissabon, 1995–2000 FC Barcelona, 2000–2005 Real Madrid, seit 2005 Inter Mailand ....
Sete Café Marina de Vilamour, Quarteira ....

•••

Karl-Heinz Granitza 1976–1978 Hertha BSC, 1978–1985 Chicago Sting ....
State Street Charlottenburg, Berlin* ....

Axel Kruse 1990/91 Hertha BSC Berlin, 1991–1993 Eintracht Frankfurt, 1993–1996 VfB Stuttgart, 1996–1998 Hertha BSC Berlin ....

Kruses Sportsbar S-Bahnhof Jannowitzbrücke, Berlin* ....

•••

Gerd Müller 1964–1979 FC Bayern München, 1979–1981 Fort Lauderdale Strikers, 1981/82 Smith Brothers Lounge Fort Lauderdale ....

Gerd Mueller's Ambry Commercial Boulevard, Fort Lauderdale* ....

•••

Günter Netzer 1965–1973 Borussia Mönchengladbach, 1973–1976 Real Madrid, 1976–1978 Grasshopper-Club Zürich ....

Lovers Lane Mönchengladbach* ....

•••

Lothar Skala 1970–1976 Kickers Offenbach, 1977–1979 Eintracht Frankfurt ....

Burger King Elisabethenstraße 23, Darmstadt ....

Burger King Escholbrückerstraße 43, Darmstadt ....

Burger King Kasinostraße 90, Darmstadt ....

•••

Gert Trinklein 1968–1978 Eintracht Frankfurt, 1979/80 Dallas Burn ....

Brentanogarten Am Lindenplatz 1, Frankfurt ....

•••

Klaus Toppmöller 1972–1980 1. FC Kaiserslautern ....

Toppis Sportsbar/Salmtal-Schänke Moselstraße 19, Rivenich ....

•••

Zinédine Zidane 1992–1996 Girondins Bordeaux, 1996–2001 Juventus Turin, seit 2001 Real Madrid *und* **Christophe Dugarry** 1989–1996 Girondins Bordeaux, 1996/97 AC Mailand, 1997–2002 Olympique Marseille, 2002/03 Girondins Bordeaux, 2003/04 Birmingham City, seit 2004 Al Rayyan ....

Le Nulle Part Ailleurs 19 Cours du Maréchal Foch, Bordeaux ......

•••

Die mit einem Sternchen (*) gekennzeichneten Lokale haben mittlerweile für immer geschlossen. Alle anderen werden noch von den Fußballern betrieben.

• WEITE REISE I • 119

Bisher größte Distanz in der Champions-League-Qualifikation.

2005/06 .... **5.189 km**

Neftschi Baku **Aserbaidschan** vs. FJ Hafnarfjördur **Island** ....

• RAFAEL GUERRERO ALONSO • 120

Der unglaubliche Linienrichter Rafael Guerrero Alonso hat einen Fanklub und Autogrammkarten, zudem ist er der Star zahlreicher Werbespots. Eine Reihe grotesker Fehlentscheidungen hat ihn bekannt gemacht. Berühmt geworden ist eine Szene vom 29. September 1996. Es lief die 69. Minute der Partie Real Saragossa gegen den FC Barcelona (3:5), der Schiedsrichter holte sich nach einem Foul Rat bei Guerrero. Der Dialog wurde von den Fernsehmikrofonen mitgeschnitten.

Schiedsrichter *aufgeregt:* *Was war los?* **Guerrero:** *Die Nummer sechs war's. Empfehle Elfmeter und Platzverweis.* **Schiedsrichter *noch aufgeregter:*** *Rafa, erzähl' bloß keinen Mist. Ich scheiße auf meine Mutter, wenn das nicht stimmt!*

Die Nummer sechs, Xavier Aguado, wurde vom Platz gestellt – die Fernsehbilder zeigen, dass Aguado wirklich nichts mit der Sache zu tun hatte und das fragliche Foul von Jesús Angel Solana (Nummer drei) begangen worden war. Rafael Guerrero Alonso stand auch bei der Europameisterschaft 2004 in Portugal an der Linie und freut sich auf seinen Einsatz bei der WM in Deutschland 2006.

• SIEGER DES GOLD CUPS • 121

Der Gold Cup, ausgetragen seit 1991, ist das Länderturnier der nord- und zentralamerikanischen Staaten. Die Sieger qualifizieren sich für den Konföderationen-Pokal und für die Copa América. Um das Publikumsinteresse zu erhöhen, werden immer wieder Gäste zu dem Turnier eingeladen. Mitgespielt haben unter anderem bereits Brasilien, Südafrika, Südkorea und Kolumbien.

1991 USA • 1993 Mexiko • 1996 Mexiko • 1998 Mexiko • 2000 Kanada • 2002 USA • 2003 Mexiko • 2005 USA ....

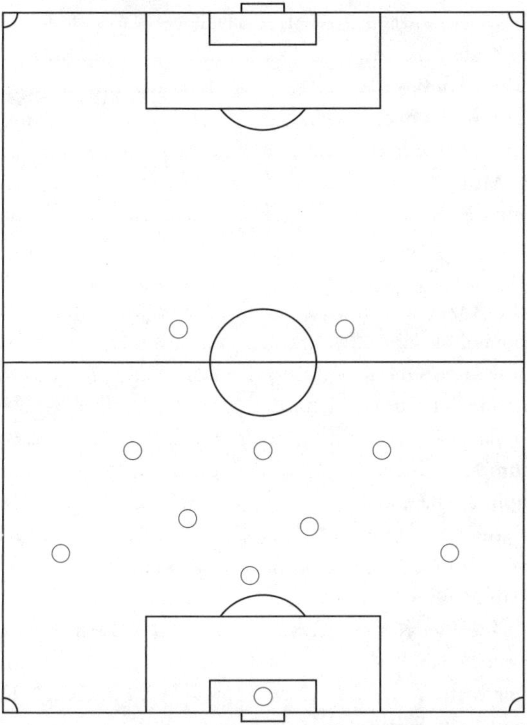

Italienische Vereine spielten dieses System bereits seit den Fünfzigerjahren, bekannt für den Catenaccio ist jedoch bis heute besonders die Mannschaft von Inter Mailand aus den Sechzigerjahren unter dem argentinischen Trainer Helenio Herrera. Vier Abwehrspieler, ein Libero, drei defensive Mittelfeldspieler und zwei zurückhängende Spitzen bewachten das Tor. Sobald die eigene Mannschaft eins zu null in Führung ging, zogen sich die Reihen noch enger zusammen. Das einzige offensive Element blieb der Konter. Im modernen Fußball ist der Catenaccio verpönt.

AFRIKAS FUSSBALLER DES JAHRES

Erst gekürt von der Zeitschrift „France Football“, ab 1995 vom afrikanischen Verband.

1970	Salif Keita	Mali
1971	Ibrahim Sunday	Ghana
1972	Chérif Souleymane	Guinea
1973	Tshimimu Bwanga	Zaire
1974	Paul Moukila	Kongo
1975	Ahmed Faras	Marokko
1976	Roger Milla	Kamerun
1977	Tarak Dhiab	Tunesien
1978	Abdul Razak	Ghana
1979	Thomas N’kono	Kamerun
1980	Jean Manga-Onguene	Kamerun
1981	Lakhdar Belloumi	Algerien
1982	Thomas N’kono	Kamerun
1983	Mahmoud Al-Khatib	Ägypten
1984	Téophile Abega	Kamerun
1985	Mohammed Timoumi	Marokko
1986	Badou Zaki	Marokko
1987	Rabah Madjer	Algerien
1988	Kalusha Bwalya	Sambia
1989	George Weah	Liberia
1990	Roger Milla	Kamerun
1991	Abedi Ayew Pelé	Ghana
1992	Abedi Ayew Pelé	Ghana
1993	Abedi Ayew Pelé	Ghana
1994	George Weah	Liberia
1995	George Weah	Liberia
1996	Nwankwo Kanu	Nigeria
1997	Victor Ikpeba	Nigeria
1998	Mustapha Hadji	Marokko
1999	Nwankwo Kanu	Nigeria

2000 Patrick Mboma .... Kamerun
2001 El-Hadji Diouf .... Senegal
2002 El-Hadji Diouf .... Senegal
2003 Samuel Eto'o .... Kamerun
2004 Samuel Eto'o .... Kamerun

124 —• DAVID BECKHAM UND DIE TÄTOWIERUNGEN •—

Linker Unterarm Victoria – Name von Beckhams Frau, auf Hindi und leider falsch geschrieben; auf dem Arm steht: Vihctoria ....
Linker Unterarm Ut Amem et Foveam – Zu ehren und zu lieben ....
Rechter Unterarm VII – Beckhams Lieblingszahl und ehemalige Rückennummer ....
Rechter Unterarm Perfectio in Spiritu – Perfektion im Geist ....
Rechter Trizeps Ein Michelangelo-Engel mit Inschrift: In the face of adversity ....
Nacken Grünes Kreuz mit Flügeln, darüber: Romeo – Name von Beckhams zweitem Sohn ....
Steißbein Brooklyn – Name von Beckhams erstem Sohn ....
Rückgrat Ein Engel mit ausgebreiteten Armen (nachträglich zugefügt: Flügel, später auch ein Heiligenschein), darunter: Cruz – Name von Beckhams drittem Sohn ....
Oberarm Schriftzug „Meinem Geliebten gehöre ich und mir gehört der Geliebte“ (aus Salomons „Lied der Lieder“) – allerdings auf hebräisch ....

Für Beckhams Tätowierungen (und für die seiner Frau „Vihctoria“) ist größtenteils Louis Molloy vom Middleton Tattoo Studio in Manchester verantwortlich (327 Oldham Road, Middleton, Manchester, Lancashire M24 2DN). Molloy kündigte Beckham im Juni 2005 die Freundschaft, als dieser seine Tattoos zu Werbezwecken einsetzen wollte. Seitdem liegen die beiden in gerichtlichem Streit um das Urheberrecht der Hautbilder.

• REGELKUNDE VI • 125

Offizielle Fifa-Regeln, aus Regel 13 (Freistöße).

Zeichen des Schiedsrichters: Der Schiedsrichter zeigt einen indirekten Freistoß an, indem er seinen Arm über den Kopf hebt. Er muss den Arm in dieser Position belassen, bis der Stoß ausgeführt ist und der Ball von einem anderen Spieler berührt wurde oder aus dem Spiel geht ....

• TORSCHÜTZENKÖNIGE DER WM-TURNIERE • 126

1930 Guillermo Stabile Argentinien .... Tore 8
1934 Oldrich Nejedly Tschechoslowakei .... Tore 5
1938 Leonidas Brasilien .... Tore 8
1950 Ademir Marques De Menezes Brasilien .... Tore 7
1954 Sándor Kocsis Ungarn .... Tore 11
1958 Just Fontaine Frankreich .... Tore 13
1962 Drazan Jerkovic Jugoslawien .... Tore 4
1962 Florian Albert Ungarn .... Tore 4
1962 Garrincha Brasilien .... Tore 4
1962 Leonel Sanchez Chile .... Tore 4
1962 Valentin Iwanow Sowjetunion .... Tore 4
1966 Eusébio Portugal .... Tore 9
1970 Gerd Müller Deutschland .... Tore 10
1974 Grzegorz Lato Polen .... Tore 7
1978 Mario Kempes Argentinien .... Tore 6
1982 Paolo Rossi Italien .... Tore 6
1986 Gary Lineker England .... Tore 6
1990 Toto Schillaci Italien .... Tore 6
1994 Hristo Stoitshkov Bulgarien .... Tore 6
1994 Oleg Salenko Russland .... Tore 6
1998 Davor Suker Kroatien .... Tore 6
2002 Ronaldo Brasilien .... Tore 8

127 • WINKEL VERKÜRZEN •

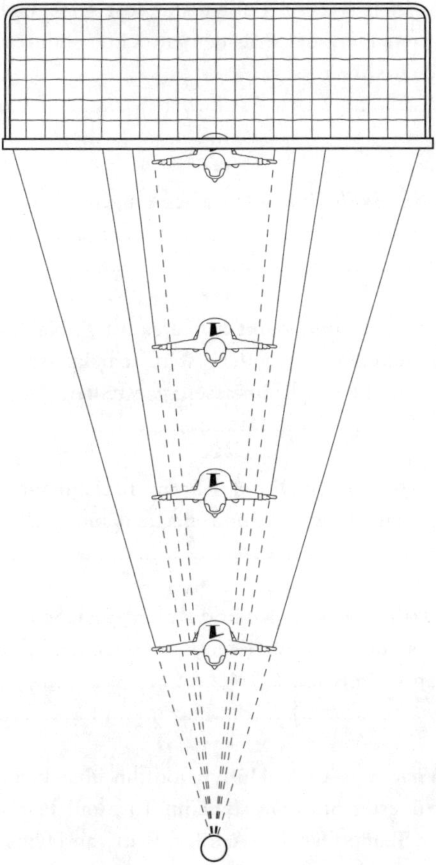

Je weiter der Torhüter dem Angreifer entgegengeht, desto geringer wird für diesen die Möglichkeit, den Ball am Tormann vorbei neben den Pfosten zu platzieren. Torhüter mit großer Spannweite haben einen Vorteil.

Das große Spiel D 1942 Ein Fußballstar löst seine Liebesprobleme und gewinnt das Herz der Präsidententochter – durch das Siegtor im Meisterschaftsfinale ....

Torszenen .... hin und wieder

Choreografie .... Sepp Herberger

•••

Der Theodor im Fußballtor D 1950 Theo Lingen hält den Kasten sauber. Ein Riesen-Schwank! ....

Torszenen .... äußerst selten

•••

Die Angst des Tormanns beim Elfmeter D 1972 Nach dem Roman von Peter Handke. Wim Wenders' sehr, sehr langsamer Film über einen Torwart und einen Kinokassenangestellten ....

Torszenen .... ein paar wenige

•••

Libero D 1973 Die Geschichte des Franz Beckenbauer, mit Harald Leipnitz und Klaus Löwitsch, und: Beckenbauer ....

Torszenen .... auch

•••

L'Arbitro I 1974 Italienische Komödie über einen Schiedsrichter, der sich nicht aufs Spiel konzentrieren kann. Der Grund für seine Verwirrung: Joan Collins ....

Torszenen .... kommen vor

•••

Escape To Victory USA 1981 Hollywoodfilm über kickende Kriegsgefangene. Silvester Stallone steht im Tor, und Pelé zeigt Tricks. Außerdem im Team: Osvaldo Ardiles, Paul van Hymst und Bobby Moore ....

Torszenen .... haarsträubend

Regie .... John Huston

•••

Don Camillo I 1983 Terence Hill als Dorfgeistlicher betrügt beim Kartenspiel, fährt Rollerskates und leitet das örtliche Fußballteam.

Achtung .... Überlänge

Torszenen .... immer mal wieder

•••

Nordkurve D 1991 Dokumentarfilm von Adolf Winkelmann. Eine Ruhrgebietshymne: 24 Stunden im Leben eines Fans von Borussia Dortmund ....

Torszenen .... durchaus

•••

When Saturday Comes GB 1995 Der englische Heldentraum. Ein Brauereiarbeiter, der selbst ganz gerne einen trinkt, spielt sich hoch bis in die Premier League ....

Torszenen .... von Zeit zu Zeit

•••

Fever Pitch GB 1997 Nach dem Roman von Nick Hornby. Leben und Leiden eines Arsenal-Fans ....

Torszenen .... reichlich

•••

Shaolin Kickers Hongkong 2001 Mischung aus Kung-Fu- und Fußballabenteuer. Einer der erfolgreichsten Hongkong-Filme bis heute .....

Torszenen .... ja

•••

Bend It Like Beckham GB 2002 Eine junge Inderin träumt in England vom perfekten Freistoß. In einer Nebenrolle: Beckham ....

Torszenen .... sind dabei

•••

Das Wunder von Bern D 2003 Weil das Wankdorf-Stadion nicht mehr steht, wird es am Computer nachgebaut. Das sieht man ....

Torszenen .... animiert

•••

Ralf Kohl SC Freiburg .... Kanzler
Jürgen Kohler Waldhof Mannheim .... Kokser
Willi Landgraf Alemannia Aachen .... Kampfgraf
Ewald Lienen Borussia M'gladbach .... Zettel-Ewald
Willi Lippens Rot-Weiß Essen .... Ente
Werner Lorant TSV 1860 München .... Werner Beinhart
Sepp Maier FC Bayern München .... Die Katze von Anzing
César Luis Menotti Rosario Central .... Der Dünne
Rinus Michels Nationaltrainer Holland .... Der General
Roger Milla St. Pierre .... Der Kaiser von Kamerun
Andreas Möller Borussia Dortmund .... Heintje
Alexandr Mostowoj Celta de Vigo .... Der Zar
Erik Mykland FC Kopenhagen .... Mücke
Andreas Neuendorf Hertha BSC Berlin .... Zecke
Peter Neururer VfL Bochum .... Peter der Große
Marcelo Pletsch Borussia M'gladbach .... Ikea
Lukas Podolski 1. FC Köln .... Prinz Poldi
Anton Polster 1. FC Köln .... Toni Doppelpack
Herbert Prohaska Austria Wien .... Schneckerl
Helmut Rahn Rot-Weiß Essen .... Der Boss
Fabrizio Ravanelli AC Perugia .... Die weiße Feder
Oliver Reck SV Werder Bremen .... Pannen-Olli
Karl-Heinz Riedle Borussia Dortmund .... Air Riedle
Frank Rijkaard AC Mailand .... Das Lama
Ronaldo Real Madrid .... Das Phänomen
Wayne Rooney Manchester United .... Wazza
Tomás Rosicky Borussia Dortmund .... Schnitzel
Marcelo Salas Juventus Turin .... El Matador
Matthias Sammer Borussia Dortmund .... Motzki
Roque Santa Cruz FC Bayern München .... Baby-Gol
Javier Saviola Boca Juniors .... Das Kaninchen

Edgar Schmitt Karlsruher SC .... Euro-Eddy
Bernd Schneider Bayer 04 Leverkusen .... Schnix
Bernd Schuster 1. FC Köln .... Der blonde Engel
Marco Simone AC Mailand .... Batman
Hakan Sükür Galatasaray Istanbul .... Der Bulle vom Bosporus
Naohiro Takahara Hamburger SV .... Sushi-Bomber
Olaf Thon FC Schalke 04 .... Professor
Lilian Thuram Juventus Turin .... Der Philosoph
Michael Thurk FSV Mainz 05 .... Todesthurk
Adolfo Valencia FC Bayern München .... El Tren
Edwin van der Sar FC Fulham .... Dumbo
Rafael van der Vaart Hamburger SV .... Tulpen-Beckham
Rudi Völler Bayer 04 Leverkusen .... Tante Käthe
Berti Vogts Borussia M'gladbach .... Terrier
Bernd Wehmeyer Hamburger SV .... Fummel
Marc Wilmots FC Schalke 04 .... Willi, das Kampfschwein
Zlatko Zahovic Benfica Lissabon .... ZZ Top
Sergio Zárate 1. FC Nürnberg .... Zaubermaus
Boudewijn Zenden FC Liverpool .... Die Rakete
Zinédine Zidane Real Madrid .... Zizou
Dino Zoff Lazio Rom .... Dino Nazionale
Michael Zorc Borussia Dortmund .... Susi

130 • ZWEISTELLIGE BUNDESLIGA-SIEGE •

1966/67 Borussia M'gladbach vs. FC Schalke 04 .... 11:0
1967/68 Borussia M'gladbach vs. Borussia Neunkirchen 10:0
1971/72 FC Bayern München vs. Borussia Dortmund 11:1
1977/78 Borussia M'gladbach vs. Borussia Dortmund 12:0
1982/83 Borussia Dortmund vs. Arminia Bielefeld 11:1
1982/83 Borussia M'gladbach vs. Eintracht Braunschweig 10:0

1974 wurde noch ausschließlich deutsch gesungen, doch bereits 1978 wagte sich die deutsche Fußball-Nationalmannschaft vorsichtig an eine fremde Sprache heran. 1982 sang sie schon recht befreit auf, 1986 fühlten sich die Spieler im Spanischen so sicher, dass sie eine Liebeserklärung zu Gehör brachten. 1990 sangen sie weltmännisch und weise, 1994 waren die Spieler so weit, dass sie vollständig auf die deutsche Sprache verzichteten. Für 1998 wäre etwas richtig Flottes zu erwarten gewesen, vielleicht: Bonjour, ça va, Bonjour, ça va, wir fahr'n nach Frankreich, oh là là (z.B. mit Mireille Mathieu) – doch irgendetwas ist schiefgegangen in der musikalischen Entwicklung der Nationalmannschaft, wie hier anhand ausgewählter Zitate gezeigt werden soll. Diese Fehlentwicklung führte zum Verstummen des Teams im Jahr 2002.

• WM 1974 •

Die deutsche Fußball-Nationalmannschaft *Fußball ist unser Leben* • Musik *Jack White* • Erschienen 1973 auf dem Album *Fußball ist unser Leben – Das Album* • Label *Polydor* ....

Refrain *Fußball ist unser Leben, der König Fußball regiert die Welt – … – Ja, einer für alle, alle für einen, wir halten fest zusammen – Und ist der Sieg dann unser, sind Freud und Ehr für uns alle bestellt.*

• WM 1978 •

Udo Jürgens und die deutsche Fußball-Nationalmannschaft *Buenos Dias Argentina* • Erschienen auf dem Album *Buenos Dias Argentina. Er hält den Ball – Sie hält den Daumen* • Label *Ariola* ....

Refrain *Buenos dias, Argentina, guten Tag, du fremdes Land – Buenos dias, Argentina, komm, wir reichen uns die Hand – Buenos dias, Argentina, so heißt meine Melodie.*

• WM 1982 •

Michael Schanze und die deutsche Fußball-Nationalmannschaft *Olé España* • Erschienen auf dem Album *Olé España – Das Album* • Label *Ariola* ....

Refrain *Olé olé, olé ola, olé España y la musica!*

• WM 1986 •

Peter Alexander und die deutsche Fußball-Nationalmannschaft *Mexico Mi Amor* • Erschienen auf der 7"-Vinyl *Mexico Mi Amor. Hasta Mañana Mexico* • Label *Ariola.*

Refrain *Mexico mi amor – mi amor – mi amor – Spiegel der stolzen Seele sind deine Lieder – Mexico mi amor – mi amor – mi amor.*

• WM 1990 •

Udo Jürgens und die deutsche Fußball-Nationalmannschaft *Sempre Roma* • Erschienen auf dem Album *Sempre Roma* • Label *Ariola* ....

Refrain *Sempre Roma – wie ein großes Wort für Leben – Sempre Roma – heut und ewig – immer Rom – Sempre Roma.*

• WM 1994 •

Village People feat. deutsche Fußball-Nationalmannschaft *Far away in America* • Erschienen auf dem Album *Far away in America* • Label *BMG Ariola* ....

Refrain *Far away in America we're gonna make it.*

Ebenfalls zur WM 1994 als Singleauskopplungen erschienen Nicole und die deutsche Fußball-Nationalmannschaft *It's Just A Game* • Scorpions und die deutsche Fußball-Nationalmannschaft *No Pain No Gain.*

• WM 1998 •

Anna Maria Kaufmann, Joey Tempest und das London Royal Philharmonic Orchestra *Running with a dream* • Auftragskomposition des DFB • Idee *Berti Vogts* • Erschienen auf dem Album *Anna Maria Kaufmann with the Royal Philharmonic Orchestra. A song cycle by Mike Batt. Blame It On The Moon* • Label *Polydor* ....

Refrain *Running with a dream – Burning deep inside – Don't let them bring you down – Don't let this chance go by – Running with a dream – Only we can show – How far this road will lead.*

• WM 2002 •

Kein WM-Song des Deutschen Fußball-Bundes ....

• ES GIBT KEINE KLEINEN MEHR VII • 132

Amerikanisch-Samoa Versuchte sich 2002 in der WM-Qualifikation. 0 Siege, 4 Niederlagen, 0 Unentschieden. Torverhältnis 0:57 ....

• SCHWALBEN • 133

Schwalben bilden eine 70 Arten umfassende Familie der Ordnung Sperlingsvögel. Sie sind mit Ausnahme der arktischen Gebiete, Neuseelands und einiger ozeanischer Inseln weltweit verbreitet. Schwalben haben stromlinienförmige Körper und lange schmale Flügel, viele Arten haben gegabelte Schwänze. Sie erbeuten Insekten im Flug. In Ruhephasen sitzen sie gerne auf Telefondrähten.

Felsenschwalbe *Ptyonoprogne rupestris* – Sie ist eine kräftige Schwalbe, die bis zu 15 Zentimeter groß wird und breite Flügel sowie ein graubraunes Obergefieder besitzt. Ihre Rufe sind als klassische Tschirpe, aber auch als Prris und Trrippe beschreibbar ...
Mehlschwalbe *Delichon urbica* – Vogel des Jahres 1974. Sie hat einen weißen Bürzel und eine weiße Unterseite. Häufiger als einige andere Schwalbenarten findet man sie in großen Städten ....
Rauchschwalbe *Hirundo rustica* Vogel des Jahres 1979. Sie gehört zu den Töpferschwalben, die ihre Nester, welche sie mit Schlamm und reichlich Speichel verfestigen, in Höhlen, an Felsen oder an Gebäude kleben ....
Rötelschwalbe *Hirundo daurica* Sie besitzt einen Bürzel und ein Nackenband in Rotbraun. Sie wird bis zu 18 Zentimeter lang und gehört damit zu den längeren in Deutschland vorkommenden Schwalben. Die Rötelschwalbe hat das Talent, in der Luft stehen zu können, wenn sie sich an einem Hang mit Aufwind befindet ....
Uferschwalbe *Riparia riparia* Vogel des Jahres 1983. Sie ist mit zwölf Zentimetern Länge die kleinste in eurasischen Gebieten vorkommende Schwalbe. Ihr Rücken ist erdbraun, die Unterseite weiß mit braunem Brustband. Sie steht auf der Roten Liste der gefährdeten Arten, da immer mehr Fluss- und Bachufer verbaut werden ....

134 • TOR ODER KEIN TOR •

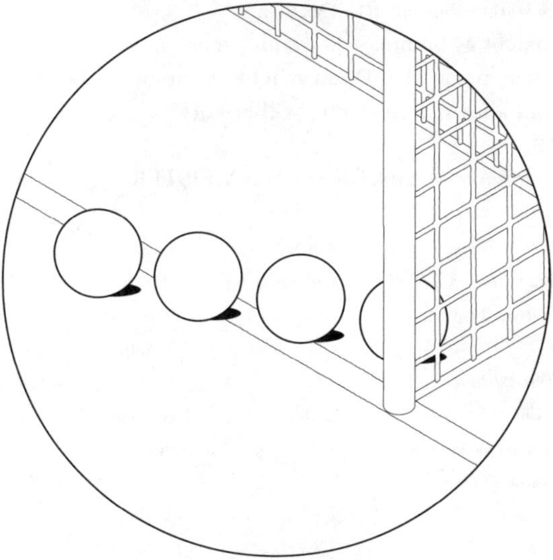

Der DFB bemerkt in seiner Regel 10 (Wie ein Tor erzielt wird): Ein Tor ist gültig erzielt, wenn der Ball vollständig die Torlinie zwischen den Torpfosten und unter der Querlatte überschritten hat, ohne dass die Regeln vorher von der Mannschaft übertreten wurden, zu deren Gunsten das Tor erzielt wurde. Die Illustration zeigt (von links): kein Tor, kein Tor, kein Tor, Tor.

135 • BOMBER DER NATION V •

Spieler	Land	Ligaspiele	Tore
James E. McGrory ...	Schottland	unbekannt	 410

Celtic Glasgow 1922–1923
FC Clydebank 1923–1924
Celtic Glasgow 1924–1938

• FUSSBALL UND MUSIK III • 136

Aus „Dann macht es bumm!“ (Gerd Müller).

„Dann macht es bumm, – Ja, dann kracht's, – Und alles schreit, – Der Müller macht's! – Dann macht es bumm, – Dann gibt's ein Tor, – Und alles schreit dann: Müller vor!“ ....

• EINIGE SERIENMEISTER • 137

Verein	Titel in Serie	Land	Jahr
Skonto Riga	14	Litauen	1991–2004
Rosenborg Trondheim	13	Norwegen	1992–2004
FC Tafea	11	Vanuatu	1994–2004
BFC Dynamo Berlin	10	DDR	1979–1988
Dynamo Tiflis	10	Georgien	1990–1999
CDNA (heute: ZSKA) Sofia	9	Bulgarien	1954–1962
Celtic Glasgow	9	Schottland	1966–1974
Dynamo Kiew	9	Ukraine	1993–2001
FC Hafia	9	Guinea	1971–1979
Glasgow Rangers	9	Schottland	1989–1997
FC Titikaveka	9	Cook-Inseln	1971–1979
Central Sport	8	Tahiti	1972–1979
CD Elá Nguema	8	Äquatorial-Guinea	1984–1991
SS Saint-Louisienne	8	Réunion	1963–1970
Silures de Bobo Dioulasso	8	Burkina Faso	1974–1981
Al-Ahli	7	Ägypten	1994–2000
Espérance ST	7	Tunesien	1998–2004
Club Franciscain	7	Martinique	1999–2005
SC Lotoha'apai	7	Tonga	1998–2004
Maribor Branik	7	Slowenien	1997–2003
Robin Hood	7	Surinam	1983–1989
Újpesti Dózsa	7	Ungarn	1969–1975
SC Villa	7	Uganda	1998–2004

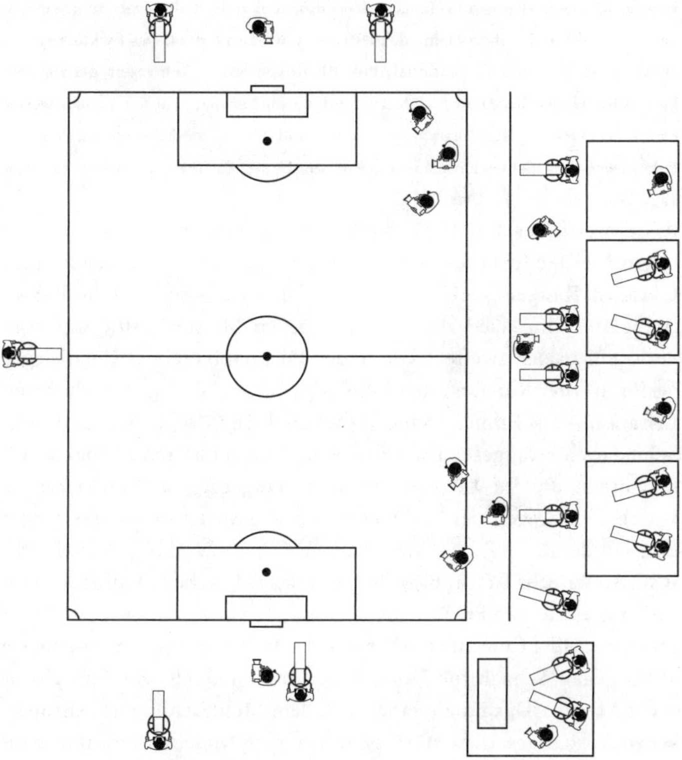

Bei Live-Übertragungen von Fußballspielen kommen heute bis zu 30 Kameras zum Einsatz. Die Spielbilder werden von mehreren fest positionierten Kameras mit unterschiedlichen Brennweiten sowie von mehreren Handkameras aufgenommen. Mindestens zwei Kameras zeichnen die Zeitlupe auf. Dazu kommen die Kameras, die die Sender in ihren mobilen Studios nutzen, sowie die Kameras für die Interviews auf dem Spielfeld.

Einigen Mannschaften ist es gelungen, den Europapokal der Pokalsieger zu gewinnen, obwohl sie den Pokal ihres Heimatlandes nicht gewonnen hatten. Das funktionierte in der Regel so, dass man das nationale Pokalfinale gegen den Klub verlor, der zugleich Landesmeister wurde. Dieser Klub spielte dann im Europapokal der Landesmeister beziehungsweise in der Champions League und konnte deshalb seinen Platz im Pokalsieger-Cup nicht wahrnehmen. 1999 wurde der Europapokal der Pokalsieger abgeschafft und ging im Uefa-Pokal auf.

AC Florenz Gewann 1961, hatte das italienische Pokalfinale 1960 gegen Meister Juventus Turin verloren ....

Glasgow Rangers Gewannen 1972, hatten das schottische Pokalfinale 1971 im Wiederholungsspiel gegen Meister Celtic Glasgow verloren. In der zweiten Runde des Europapokals der Pokalsieger verloren die Rangers im Elfmeterschießen 0:3 gegen Sporting Lissabon – das Elfmeterschießen war jedoch fälschlicherweise vom Schiedsrichter angesetzt worden. Die Rangers hatten zu Hause 3:2 gewonnen und in Lissabon nach Verlängerung 3:4 verloren; sie waren also wegen der mehr erzielten Auswärtstore bereits Sieger der Runde ....

RSC Anderlecht Gewann 1978, hatte das belgische Pokalfinale 1977 gegen den Meister FC Brügge verloren ....

Dynamo Tiflis Gewann 1981, hatte das Pokalfinale der Sowjetunion 1980 gegen Schachtjor Donezk verloren. Jedoch war Schachtjor nicht Meister. Das Finale fand nach dem Meldeschluss des europäischen Verbandes Uefa statt. Klar war vor Meldeschluss nur, dass beide Teams für den Uefa-Pokal qualifiziert waren. Der Verband entschied sich dann dafür, fristgemäß Tiflis als Teilnehmer für den Pokalsieger-Cup zu melden, obwohl das nationale Finale noch nicht gespielt war – eine Entscheidung, die sich im Rückblick als so falsch wie richtig erwies ....

FC Barcelona Gewann 1997, hatte das spanische Pokalfinale 1996 gegen Meister Atlético Madrid verloren ....

140 • EIN KLUB, NEUN NAMEN •

Dass ein Verein seinen Namen ändert, kommt immer wieder mal vor. Die Anhänger von Juventus Bukarest (Rumänien) dürften dennoch eine Identitätskrise durchgemacht haben. In der Saison 1947/48 trat Juventus zunächst unter seinem gewohnten Namen an. 1948 wurde dieser geändert in Distributia Bukarest. Die Saison 1948/49 spielte der Klub als Petrolul Bukarest, wurde 1949 jedoch in Competrol Bukarest umbenannt. 1950 trat die Mannschaft unter dem Namen Partizanul Bukarest auf. Freilich nur bis 1951, neuer Name: Flacara Bukarest. Es kam schlimmer. 1952 zog das Team in die Ölstadt Ploiesti um. Bis 1956 hieß der Klub Flacara Ploiesti, wurde in diesem Jahr in Energia Ploiesti umbenannt und ein Jahr später in Petrolul Ploiesti. So heißt er bis heute (obwohl er 1992 kurz FC Ploiesti hieß, was sich aber nach einer Fusion mit dem Klub Astra Ploiesti wieder erledigt hatte).

1947/48 .... Juventus Bukarest
1948 .... Distributia Bukarest
1948/49 .... Petrolul Bukarest
1949 .... Competrol Bukarest
1950 .... Partizanul Bukarest
1951 .... Flacara Bukarest
1952 .... Flacara Ploiesti
1956 .... Energia Ploiesti
Seit 1957/58 .... Petrolul Ploiesti

141 • SCHIEDSRICHTER WERDEN •

Voraussetzungen Mindestalter 12 Jahre, Mitgliedschaft in einem Verein, Interesse am Fußball, Einsatzbereitschaft für jährlich mindestens 20 Spielleitungen und Teilnahme an Weiterbildungsveranstaltungen an acht bis zwölf Tagen pro Jahr ....
Ausbildung Je nach Landesverband 20 bis 50 Unterrichtsstunden im Zeitraum von drei bis zwölf Ausbildungstagen innerhalb von einer Woche bis sechs Wochen. Dabei Einführung in die Grundzüge der Fußballregeln ....

• BELIEBTE SYNONYME • 142

Ägypten	Pharaonen
Albanien	Skipetaren
Argentinien	Gauchos
Australien	Socceroos
Belgien	Rode Duivels
Brasilien	Canarios
Costa Rica	Ticos
Dänemark	Danish Dynamite
England	Three Lions
Frankreich	Les Bleus • Equipe Tricolore
Italien	Squadra Azzurra
Kamerun	Die unbezähmbaren Löwen
Kongo	Simbas
Niederlande	Oranjes
Nigeria	Super Eagles
Panama	Canaleros
Paraguay	Guaraníes
Polen	Klub Polska
Russland	Sbornaja
Saudi-Arabien	Wüstensöhne
Schottland	Bravehearts
Schweden	Tre Kronors
Schweiz	Eidgenossen
Senegal	Die Löwen von Teranga
Spanien	Furia Roja
Südafrika	Bafana Bafana
Südkorea	Taeguk Warriors
Tunesien	Die Adler von Karthago
Ungarn	Magyaren
Uruguay	Charrúas
USA	Stars and Stripes

143 • DER GROTIFANT •

Unter all den fürchterlichen Maskottchen im Fußball hat sich der Grotifant eine Sonderstellung erarbeitet. Er ist ein graues Wesen mit Elefantenkopf, das einmal einen Linienrichter geschubst hat – das brachte ihm in manchen Fankreisen Respekt ein. Eine besondere Beziehung zum Grotifanten (der tatsächlich und unfasslicherweise wegen des Uerdinger Stadions namens „Grotenburg-Kampfbahn" so heißt, wie er heißt) unterhalten die Fans der Düsseldorfer Fortuna. 2004 jagten sie ihn einmal quer über den Platz, doch der Grotifant konnte sich retten. Eines Tages, so steht zu befürchten, wird der Grotifant zu langsam sein. In den Halbzeitpausen schlägt der Grotifant gern ein paar Flanken für die Auswechselspieler ....

144 • NACHNAMEN ENGLISCHER KLUBS •

Albion • Alexandra • Argyle • Athletic • City • County • Diamonds • End • Forest • Harriers • Hotspur • Orient • Palace • Rangers • Rovers • Town • United ....

145 • MIT IM BILD •

In den Neunzigerjahren war es bei manchen Vereinen üblich, allerlei Gegenstände mit aufs offizielle Mannschaftsfoto zu schmuggeln, die wie zufällig in der Gegend herumstanden.

1998/99 Stuttgarter Kickers .... Erstaunlich große Sporttasche
1998/99 KFC Uerdingen .... Deutlich zu großer Ballsack
1998/99 FC Gütersloh .... Hüfthoher Bierdeckel (Herforder Pils)
1997/98 SV Meppen ... Kreissäge, Kompressor, Hochdruckreiniger
1997/98 FC Schalke 04 .... Staubsauger und Hochdruckreiniger
1997/98 VfL Bochum .... Hüfthoher Bierdeckel (Kronen)
1996/97 Borussia M'gladbach .... Sechs Flaschen Fohlenpower
1996/97 SC Freiburg ..... Gewaltiger Bad-Wärmekörper (Zehnder)

• ES GIBT KEINE KLEINEN MEHR VIII • 146

Nepal Versuchte sich in der WM-Qualifikation 1986, 1990, 1998 und 2002. 2 Siege, 18 Niederlagen, 2 Unentschieden. Torverhältnis 15:83 ....

• SÜDAMERIKAS FUSSBALLER DES JAHRES • 147

Es gibt hierzu zwei Wahlen. Die erste wurde seit 1971 von der in Caracas erscheinenden Zeitung El Mundo vorgenommen. Bei dieser Wahl konnte jeder südamerikanische Spieler gewählt werden, ganz gleich, wo er unter Vertrag stand. Bis 1985 gelten die von El Mundo gewählten Spieler als Südamerikas Fußballer des Jahres. Zwar gab es die Wahl von El Mundo noch bis 1992, doch seit 1986 ernennt El País aus Montevideo den Fußballer des Jahres. Die Zeitung veranstaltet dazu eine Umfrage unter südamerikanischen Journalisten. Entscheidende Einschränkung: Es können nur südamerikanische Spieler gewählt werden, die auch bei einem südamerikanischen Verein unter Vertrag stehen. So kommt es, dass der größte Fußballer seiner Zeit, Diego Armando Maradona, seit 1986 nicht mehr offizieller Fußballer des Jahres in Südamerika wurde (schwacher Trost: Immerhin wählte ihn El Mundo noch viermal).

• Wahl von El Mundo • Caracas • 1971–1992 •

1971 Tostão .... Brasilien • Cruzeiro
1972 Teófilo Cubillas .... Peru • Alianza Lima
1973 Pelé .... Brasilien • FC Santos
1974 Elías Figueroa .... Chile • Sport Club Internacional
1975 Elías Figueroa .... Chile • Sport Club Internacional
1976 Elías Figueroa .... Chile • Sport Club Internacional
1977 Zico .... Brasilien • Flamengo Rio de Janeiro
1978 Mario Kempes .... Argentinien • FC Valencia
1979 Diego Armando Maradona .... Argentinien • Argentinos Juniors
1980 Diego Armando Maradona .... Argentinien • Boca Juniors
1981 Zico .... Brasilien • Flamengo
1982 Zico .... Brasilien • Flamengo

1983 Sócrates .... Brasilien • Corinthians
1984 Enzo Francescoli .... Uruguay • River Plate
1985 Julio César Romero .... Paraguay • Fluminense Rio de Janeiro
1986 Diego Armando Maradona .... Argentinien • SSC Neapel
1987 Carlos Valderrama .... Kolumbien • Deportivo Cali
1988 Rubén Paz .... Uruguay • Racing Club Buenos Aires
1989 Diego Armando Maradona .... Argentinien • SSC Neapel
1990 Diego Armando Maradona .... Argentinien • SSC Neapel
1991 Gabriel Batistuta .... Argentinien • Boca Juniors, AC Florenz
1992 Diego Armando Maradona .... Argentinien • FC Sevilla

• Wahl von El País • Montevideo • Seit 1986 •

1986 Antonio Alzamendi .... Uruguay • River Plate
1987 Carlos Valderrama .... Kolumbien • Deportivo Cali
1988 Rubén Paz .... Uruguay • Racing Club Buenos Aires
1989 José Roberto Bebeto .... Brasilien • Vasco da Gama
1990 Raúl Amarilla .... Paraguay • Olimpia Asunción
1991 Oscar Ruggeri .... Argentinien • Vélez Sarsfield
1992 Raí .... Brasilien • FC São Paulo
1993 Carlos Valderrama .... Kolumbien • Atlético Junior Barranquilla
1994 Cafu .... Brasilien • FC São Paulo
1995 Enzo Francescoli .... Uruguay • River Plate
1996 José Luis Chilavert .... Paraguay • Vélez Sarsfield
1997 Marcelo Salas .... Chile • River Plate
1998 Martín Palermo .... Argentinien • Boca Juniors
1999 Javier Saviola .... Argentinien • River Plate
2000 Romário .... Brasilien • Vasco da Gama
2001 Juan Román Riquelme .... Argentinien • Boca Juniors
2002 José Saturnino Cardozo .... Paraguay • Club Deportivo Toluca
2003 Carlos Tévez .... Argentinien • Boca Juniors
2004 Carlos Tévez .... Argentinien • Boca Juniors

• BOMBER DER NATION VI • 148

Spieler	Land	Ligaspiele	Tore
Telmo Zarraonandia	... Spanien ...	...... 279	 251
Athletic Bilbao			1939–1955

• DIE REDE VON GIOVANNI TRAPATTONI • 149

Am 10. März 1998 gibt Giovanni Trapattoni, damals Trainer des FC Bayern München, eine Pressekonferenz. Er ist recht erregt, es geht ihm auf die Nerven, dass er fortwährend wegen seiner vermeintlich defensiven Taktik kritisiert wird. Trapattoni setzt zu einer hitzigen Rede an, die er in einer sehr freien Grammatik hält. Er hat an diesem Tag den deutschen Sprachschatz um einige hübsche Konstruktionen bereichert.

Es gibt Momente in diese Mannschaft, oh, einige Spieler vergessen ihnen Profi, was sie sind. Ich lese nicht sehr viel Zeitungen, aber ich habe gehört viele Situationen. Erstens: Wir haben nicht offensiv gespielt. Es gibt keine deutsche Mannschaft spiel offensiv und dynam-offensiv wie Bayern. Letztes Spiel hatten wir im Platz drei Spitzen. Elber, Jancker und dann Zickler.

Wir mussen nicht vergesse Zickler. Zickler ist eine Spitzen mehr Mehmet, eh, mehr, eh Basler. Is klar diese Worte, is möglich versteh, was ich hab gesagt? Dann: Offensiv. Offensiv is wie maken in Platz. Zweite: Ich habe erklär mit diese zwei Spiele nach Dortmund brauch vielleicht Halbzeitpause.

Ich habe auch andere Mannschaft geseh in Europa nach diese Mittwoch. Ich habe geseh auch zwei Tage de Training. Ein Trainer is nich ein Idiot. Ein Trainer saih, eh seh, was passieren in Platz. In diese Spiel, es waren zwei, drei diese Spieler waren schwach wie eine Flasche leer! Habe sie gesehen Mittwoch? Welche Mannschaft hat gespielt Mittwoch? Hat gespielt Mehmet, or hat gespielt Basler, or hat gespielt Trapattoni?

Diese Spieler beklagen mehr als Spiel! Wissen Sie, warum die Italien-Mannschaften kaufen nicht diese Spieler? Weil wir haben gesehen viele Male dumme Spiel. Haben gesagt, sind nicht Spieler für die italienisch, eh, Meisters.

Strunz! Strunz is zwei Jahre hier und hat gespielt seine Spiel. Is immer verletzt. Was erlaube Strunz? Letzte Jahr Meister geworden mit Hamann, eh, Nerlinger. Diese Spieler ware Spieler! Waren Meister geworden! Ist immer verletzt! Hat gespielt 25 Spiele in dieser Mannschaft, in dieser Verein. Mussen respektieren die andere Kollega! Haben viel nett Kollega. Stellen Sie die Kollega die Frage! Haben keine Mut an Worte! Weil ich weiß, was denken über diese Spieler. Mussen zeigen jetzt! Ich will Samstag, diese Spieler mussen zeigen mich, eh zeigen die Fans. Mussen alleine die Spiel gewinnen! Mussen alleine Spiel gewinnen!

Ich bin müde jetzt der Vater dieser Spieler – eh, verteidige diese Spieler! Ich habe immer die Schulde über diese Spieler! Einer is Mario, einer, andere is Mehmet! Strunz dagegen, egal, hat nur gespielt 25 Prozent diese Spiel. Ich habe fertig!

150 • DAS DEUTSCHE JAHR IM UEFA-CUP •

In der Saison 1979/80 nahmen fünf deutsche Mannschaften am Uefa-Cup teil, vier hatten sich über ihre Tabellenplatzierung qualifiziert, Borussia Mönchengladbach durfte als Titelverteidiger teilnehmen. Alle fünf erreichten das Viertelfinale. Dort besiegte der FC Bayern München den 1. FC Kaiserslautern, die anderen drei deutschen Teams setzten sich gegen internationale Konkurrenz durch. Das führte zu einem nur von deutschen Klubs besetzten Halbfinale; kein deutscher Klub ist gegen einen nicht-deutschen Klub ausgeschieden. Bis heute hat keine Nation den Uefa-Cup in dieser Weise dominiert.

Halbfinale VfB Stuttgart *vs.* **Borussia M'gladbach** .... 2:1 • 0:2

•••

Halbfinale FC Bayern München *vs.* **Eintracht Frankfurt** .... 2:0 • 1:5 n.V.

•••

Finale Borussia M'gladbach *vs.* **Eintracht Frankfurt** .... 3:2 • 0:1

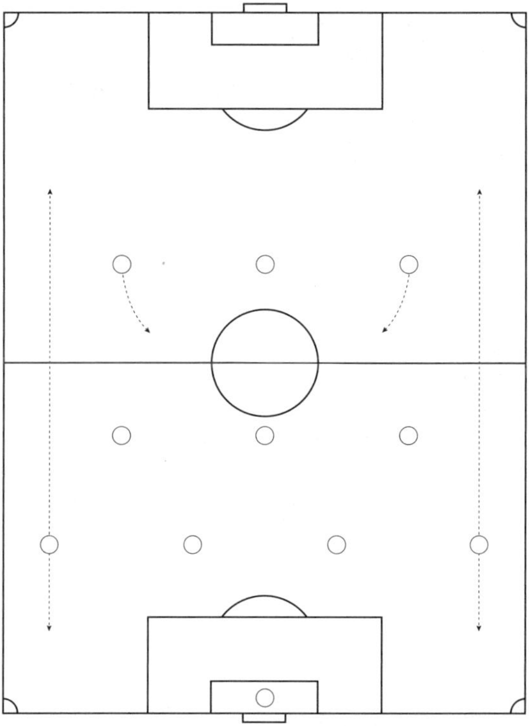

Mit der Variation verschiedener Systeme, einer 4-3-1-2/4-3-3-Kombination im Angriff und einem 4-4-2 in der Verteidigung gewann Frankreich die Weltmeisterschaft 1998. Drei schnelle Angreifer zogen sich je nach Spielsituation ins Mittelfeld oder sogar bis in die Abwehr zurück. Die Außenverteidiger nutzten die gesamte Länge des Feldes für ihre Vorstöße. Jeder Spieler besaß hohe technische Fähigkeiten, große Schnelligkeit und taktisches Verständnis. Schwächen hatte die Mannschaft lediglich im Abschluss (was nicht am System lag), zum Titelgewinn gegen Brasilien (3:0) reichte es dennoch.

152 • AUS DEM OV •

Der bulgarische Kader bei der WM 1994 in den USA.

Mikhailov • Ivanov • Tzvetanov • Yankov • Letchkov • Borimirov Balakov • Yordanov • Popov • Stoitchkov • Kiriakov • Todorov Sirakov • Alexandrov • Kostadinov ....

Außerdem dabei: Die ev-Gruppe mit Kremenliev, Hubtchev und Guentchev sowie Mihtarski, von dem man annehmen muss, dass er in dieser Mannschaft eher Außenseiter war.

153 • TREFFENDE TORHÜTER •

José Luis Chilavert .... **Verein** Vélez Sarsfield **Land** Paraguay
Elfmetertore 45 **Feldtore** 17 .... **Tore 62**

René Higuita .... **Verein** CD Aucas Quito **Land** Kolumbien
Elfmetertore 37 **Feldtore** 4 .... **Tore 41**

Jorge Campos .... **Verein** FC Puebla **Land** Mexiko
Elfmetertore 9 **Feldtore** 31 .... **Tore 40**

Rogério Ceni .... **Verein** FC São Paulo **Land** Brasilien
Elfmetertore 4 **Feldtore** 27 .... **Tore 31**

Hans-Jörg Butt .... **Verein** Bayer 04 Leverkusen **Land** Deutschland
Elfmetertore 25 **Feldtore** 0 .... **Tore 25**

Dimitar Ivankov .... **Verein** Levski Sofia **Land** Bulgarien
Elfmetertore 25 **Feldtore** 0 .... **Tore 25**

Marco Antonio Cornez .... **Verein** Deportes Iquique **Land** Chile
Elfmetertore 24 **Feldtore** 0 .... **Tore 24**

154 • WEITE REISE II •

Größte Distanz im Europapokal der Pokalsieger.

1994/95 .... 5.269 **km**

IB Keflavik **Island** vs. Maccabi Tel Aviv **Israel** ....

Name	Einsätze	Vereine	Zeitraum
Willi Arlt	11	.... SV Riesa	1939–1942
Willy Ascherl	1	.... SpVgg Fürth	 1924
Willy Baumgärtner ...	4	...... SV 04 Düsseldorf	1908–1909
Willi Billmann	11	.... 1. FC Nürnberg	1937–1941
Wilhelm Blunk	1	.... Hamburger SV	 1929
Willy Busch	13	.... Duisburg 99	1933–1936
Wilhelm Falk	1	...... Wacker München	 1927
Willy Fick	1	.... Holstein Kiel	 1910
Willy Fitz	1	.... Rapid Wien	 1942
Willi Fricke	1	..... Arminia Hannover	 1935
Willi Gerdau	1	.... Herder SV	 1957
Willi Giesemann	14	... Bayern München, HSV ...	1960–1965
Wilhelm Gros	1	.... Karlsruher FV	 1912
Wilhelm Hahnemann	23	.... Admira Wien	1938–1941
Wilfried Hannes	8	.... Borussia M'gladbach	1981–1982
William Hartwig	2	.... Hamburger SV	 1979
Willi Hutter	2	.. SV Waldhof, SV Saar 05 ..	1921–1936
Willy Jürissen	6	RW Oberhausen, Fort. D'dorf	1935–1939
Willi Kirsei	1	..... Hertha BSC Berlin	 1924
Willi Knesebeck	2	..... Viktoria 89 Berlin	1911–1912
Willi Köchling	1	.... Rot-Weiß Essen	 1956
Willi Koslowski	3	.... FC Schalke 04	 1962
Willy Krauß	2	.... Carl Zeiss Jena	1911–1912
Willibald Kreß	16	RW Frankfurt, Dresdner SC	1929–1934
Willi Kund	2	.... 1. FC Nürnberg	1930–1931
Willy Lindner	1	..... Eintracht Frankfurt	 1933
Willi Neuberger	2	..... Borussia Dortmund	 1968
Willy Reitgaßl	1	.... Karlsruher SC	 1960
Willi Rutz	1	.... VfB Stuttgart	 1932
Willibald Schmaus ...	10	.... Vienna Wien	1938–1942

Willi Schröder	12	Bremen 1860, Werder Bremen	1951–1957
Willi Schulz	66	.... FC Schalke 04, HSV	1959–1970
Willy Schwedler	1	.... VfB Pankow	 1921
Wilhelm Simetsreiter	8	.... FC Bayern München	1935–1937
Wilhelm Sold	12	.... 1. FC Nürnberg	1935–1942
Wilhelm Straßburger	2	.... Duisburger SV	 1930
Wilhelm Sturm	1	..... Borussia Dortmund	 1964
Willy Tänzer	1	.... Berliner SC	 1908
Willi Tiefel	7	..... Eintracht Frankfurt	 1929
Willi Völker	1	..... Hertha BSC Berlin	1938–1942
Willy Völker	1	.... VfB Leipzig	 1914
Willi Wigold	4	..... Fortuna Düsseldorf	1932–1934
Ernst Willimowski ...	8	PSV Chemnitz, 1860 München	1941–1942
Willy Worpitzky	9	...... Viktoria 89 Berlin	1909–1912

156 • AUFWÄRMEN OHNE BALL •

Gesamtdauer: 8 Minuten.

Vordehnen .... 0,5 min
Lockeres Traben .... 1 min
Dehnen der unteren Extremitäten .... 1 min
Temposteigerungsläufe .... 0,5 min
Dehnen des Rumpf- und Schulterbereiches .... 0,5 min
Kurze Sprints .... 0,5 min
Sprünge, Seitgalopp, Überkreuzungen .... 0,5 min
Ein- und beidbeinige Sprünge, Kopfballsprünge .... 0,5 min
Lockerer Lauf mit schnellen Drehungen .... 0,5 min
Kniehebeläufe mit Pausen .... 0,5 min
Anfersen mit Pausen .... 0,5 min
Dehnen von Adduktoren, Abduktoren, Quadrizeps .... 1 min
Skippings mit hoher Frequenz .... 0,5 min

• KLUBS VON DER INSEL • 157

SC Bastia zweite französische Liga .... Korsika
Cagliari Calcio erste italienische Liga .... Sardinien
OFI Heraklion erste griechische Liga .... Kreta
RCD Mallorca erste spanische Liga .... Mallorca
FC Messina erste italienische Liga .... Sizilien
TUS Norderney Kreisleistungsklasse Staffel I, Kreis Aurich .... Norderney
SC Norddörfer Sylt Kreisliga Nordfriesland .... Sylt
TSV Nordstrand von 1903 e.V. Kreisklasse B-Süd Nordfriesland Nordstrand
US Città di Palermo erste italienische Liga .... Sizilien
Consadole Sapporo zweite japanische Liga .... Hokkaido
Team-Sylt 2002 Bezirksliga Nord-Schleswig .... Sylt
CD Tenerife zweite spanische Liga .... Teneriffa
Tokushima VORTIS zweite japanische Liga .... Shikoku
Oita Trinita erste japanische Liga .... Kyushu
FSV Wyk Kreisliga Nordfriesland .... Föhr

• UEFA-CUP • 158

Dem Schweizer Sportfunktionär Ernst B. Thommen kam Mitte der Fünfzigerjahre die Idee, einen Wettbewerb für Auswahlteams aus Städten zu veranstalten. Der spätere Fifa-Chef Stanley Rous fand die Idee gut und schlug – warum auch immer – eine Verfeinerung vor: Es sollten nur Messestädte teilnehmen dürfen. So kam es, und der Wettbewerb hieß Messepokal. Er erstreckte sich über drei Jahre, allerdings nahmen auch Klubteams teil. Ab 1960 fand der Wettbewerb jedes Jahr statt, ab 1963 spielten ausschließlich Klubteams mit. Noch immer herrschte jedoch Verwirrung: Manche Länder meldeten Klubs aus Messestädten, andere meldeten Klubs, die in der Tabelle vorne gelandet waren. 1971 übernahm der europäische Fußballverband Uefa die Kontrolle, seitdem heißt der Wettbewerb Uefa-Cup. Franz Beckenbauer erfand dafür die Bezeichnung „Cup der Verlierer“.....

159 • ASIENS FUSSBALLER DES JAHRES •

Seit 1994 benennt die Asian Football Confederation (AFC) jährlich Asiens Fußballer des Jahres. Von 1988 bis 1991 wählte die IFFHS (Internationale Föderation für Fußball-Geschichte und Statistik) einen Spieler aus, 1992 wurde kein Spieler benannt, 1993 erfolgte erstmals (allerdings noch inoffiziell) die Ernennung durch die AFC. Klubs sind hier nur vermerkt, wenn ein Spieler zum Zeitpunkt der Wahl im Ausland aktiv war.

1988 Ahmed Radhi .... Irak
1989 Kim Joo-Sung .... Südkorea
1990 Kim Joo-Sung .... Südkorea
1991 Kim Joo-Sung .... Südkorea
1992 .... *nicht vergeben*
1993 Saeed Owairan .... Saudi-Arabien
1994 Saeed Owairan .... Saudi-Arabien
1995 Masami Ihara .... Japan
1996 Khodadad Azizi .... Iran
1997 Hidetoshi Nakata .... Japan
1998 Hidetoshi Nakata .... Japan • AC Perugia
1999 Ali Daei .... Iran • Hertha BSC Berlin
2000 Nawaf Al Temyat .... Saudi-Arabien
2001 Fan Zhiyi .... China • Dundee United
2002 Shinji Ono .... Japan • Feyenoord Rotterdam
2003 Mehdi Mahdavikia .... Iran • Hamburger SV
2004 Ali Karimi .... Iran • Al Ahli Dubai, VAE

160 • REGELKUNDE VII •

Offizielle Fifa-Regeln, aus Regel 3 (Zahl der Spieler).

In jedem Spiel, das im Rahmen eines offiziellen Wettbewerbs unter der Fifa, den Konföderationen oder den Mitgliedern stattfindet, dürfen bis zu drei Spieler ausgewechselt werden. In den Wettbewerbsbestimmungen wird festgelegt, wie viele Auswechselspieler gemeldet werden können: drei bis höchstens sieben ....

Der Bus ist immer dabei, selbst bei Auswärtsspielen, zu denen die Mannschaft mit dem Flugzeug anreist. Einige Meter Heimat in der Fremde.

FC Bayern München **Fahrer** Sandra König, Peter Reiß **Modell** Mercedes Typ Travego 17 RHD **Leistung** 476 PS **Länge** .... **13,85 m**

•••

FC Schalke 04 **Fahrer** Lars Laser **Modell** Mercedes Typ Travego 15 RHD **Leistung** 422 PS **Länge** .... **12,00 m**

•••

SV Werder Bremen **Fahrer** Horst Kück **Modell** Setra S 215 HD **Leistung** 381 PS **Länge** .... **12,00 m**

•••

Hertha BSC Berlin **Fahrer** Oliver Kühnemann, Andreas Timm **Modell** Mercedes Typ Travego 15 RHD **Leistung** 422 PS **Länge** .... **12,00 m**

•••

VfB Stuttgart **Fahrer** Rolf Geissler **Modell** Mercedes Typ Travego M **Leistung** 476 PS **Länge** .... **13,85 m**

•••

Bayer 04 Leverkusen **Fahrer** Günter Uhlhaas, Günter Thiel **Modell** Setra S 415 GT-HD **Leistung** 354 PS **Länge** .... **12,20 m**

•••

Borussia Dortmund **Fahrer** Udo Rottke **Modell** MAN Lion's Star **Leistung** 460 PS **Länge** .... **12,00 m**

•••

Hamburger SV **Fahrer** Jürgen Ahlert **Modell** Mercedes Typ Travego 17 RHD **Leistung** 476 PS **Länge** .... **13,85 m**

•••

VfL Wolfsburg **Fahrer** Guido Vicinotti **Modell** Scania Irizar PB **Leistung** 420 PS **Länge** .... **12,92 m**

•••

Hannover 96 **Fahrer** Carsten Wolf, Willi Fischer **Modell** Mercedes Typ Travego 17 RHD **Leistung** 476 PS **Länge** .... **13,85 m**

FSV Mainz 05 **Fahrer** Matthias Bauer, Nico Bauer, Rita Bauer **Modell** Irisbus Iliade GTX **Leistung** 362 PS **Länge** .... **11,99 m**

•••

1. FC Kaiserslautern **Fahrer** Bernd Hollstein **Modell** Neoplan Cityliner N 1116/3 HL **Leistung** 460 PS **Länge** .... **13,70 m**

•••

Arminia Bielefeld **Fahrer** Dirk Westerhold, Udo Nolteernsting **Modell** Volvo 9900 **Leistung** 420 PS **Länge** .... **13,70 m**

•••

1. FC Nürnberg **Fahrer** Udo Rauh **Modell** MAN Lion's Star L **Leistung** 410 PS **Länge** .... **13,80 m**

•••

Borussia Mönchengladbach **Fahrer** Markus Breuer **Modell** Mercedes Typ Travego 15 RHD **Leistung** 422 PS **Länge** .... **12,00 m**

•••

1. FC Köln **Fahrer** Michael Liebetrut **Modell** Mercedes Typ Travego 15 RHD **Leistung** 422 PS **Länge** .... **12,00 m**

•••

MSV Duisburg **Fahrer** Udo Jansen **Modell** Scania K 124 Irizar PB **Leistung** 420 PS **Länge** .... **12,92 m**

•••

Eintracht Frankfurt **Fahrer** Rainer Lorch **Modell** Mercedes Typ Travego 15 RHD **Leistung** 422 PS **Länge** .... **12,00 m**

162 • OZEANISCHER NATIONENPOKAL •

1973 und 1980 wurde der Ozeanien-Pokal ausgespielt. Seit 1996 gibt es den Ozeanischen Nationenpokal, der alle zwei Jahre ausgespielt wird und als Qualifikationsturnier für den Konföderationen-Pokal gilt.

1973 Neuseeland • 1980 Australien • 1996 Australien • 1998 Neuseeland • 2000 Australien • 2002 Neuseeland • 2004 Australien ....

• VEREINSNAMEN • 163

Borussia Lateinischer Name für Preußen; polnisch Prusy; russisch Prussija. Weibliche Gestalt als Sinnbild Preußens. Name von Studentenverbindungen. Bekannte Träger: Borussia Dortmund, Borussia Mönchengladbach, Tennis Borussia Berlin ....
Alemannia Name von Studentenverbindungen. Name des Asteroids 418. Bekannter Träger: Alemannia Aachen ....
Germania Lateinischer Name für Siedlungsgebiet der Germanen. Name des Asteroids 241. Name von Studentenverbindungen. Bekannter Träger: Germania Berlin ....
Fortuna Lateinisch für Glück, Schicksal. Römische Göttin des Glücks. Name des Asteroids 19. Bekannte Träger: Fortuna Düsseldorf, Fortuna Köln ....
Arminia Von lateinisch Arminius (Hermann). Nicht: Name eines Asteroids. Bekannter Träger: Arminia Bielefeld ....
Concordia Lateinisch für Eintracht, Zusammenhalt. Name des Asteroids 58. Bekannte Träger: Eintracht Frankfurt, Eintracht Trier, Eintracht Braunschweig, Concordia Hamburg ....
Nürnberg Name des Asteroids 3825. Sitz der Studentenverbindung Alemannia. Bekannter Träger: 1. FC Nürnberg ....
Victoria Lateinisch für Sieg. Römische Göttin des Sieges. Versicherungsgruppe. Name des Asteroids 12. Bekannte Träger: Viktoria Aschaffenburg, SC Victoria 1914 Templin, Viktoria Köln ....
Hertha Weiblicher Vorname. Früher wurde vermutet, es handle sich um den Namen einer germanischen Göttin mit Heiligtum auf Rügen. Name des Asteroids 135. Bekannte Träger: Herta Heuwer, Erfinderin der Berliner Currywurst, Hertha BSC Berlin ....

• ES GIBT KEINE KLEINEN MEHR IX • 164

Malediven Versuchten sich 1998 und 2002 in der WM-Qualifikation. 1 Sieg, 10 Niederlagen, 1 Unentschieden. Torverhältnis 8:78 ....

165 • REGELKUNDE VIII •

Offizielle Fifa-Regeln, Regel 4 (Ausrüstung der Spieler).

Schienbeinschützer müssen von Strümpfen vollständig bedeckt sein, müssen aus einem geeigneten Material bestehen (Gummi, Plastik oder ähnliche Materialien), müssen einen angemessenen Schutz vor Verletzungen bieten ....

166 • STADIONSPRECHER •

Bei so genannten „Bundesspielen“ sind Stadionsprecher und Polizei laut DFB-Statuten nebeneinander unterzubringen. Es ist dann streng geregelt, was der Stadionsprecher alles sagt, er ist Teil des Sicherheitskonzeptes. Bei Bundesligaspielen ist er auch wichtig, er darf aber zwischendurch ein wenig Blödsinn reden. Wenn alles gut geht, besteht seine Hauptaufgabe darin, für gute Laune bei den Fans zu sorgen.

FC Bayern München .... **Stephan Lehmann**
FC Schalke 04 .... **Frank Piontek und Bernd Scheffler**
SV Werder Bremen .... **Arnd Zeigler und Christian Stoll**
Hertha BSC Berlin .... **Marcus Kaiser**
VfB Stuttgart .... **Christian Pitschmann**
Bayer 04 Leverkusen .... **Günter Mazkowiak und Klaus Schenkmann**
Borussia Dortmund .... **Norbert Dickel**
Hamburger SV .... **Marek Erhardt und Lotto King Karl**
VfL Wolfsburg .... **Oliver Seidler und Georg Poetzsch**
Hannover 96 .... **Till Uhlig und Frank Rasche**
FSV Mainz 05 .... **Klaus Hafner**
1. FC Kaiserslautern .... **Horst Schömbs und Christian Haacke**
Arminia Bielefeld .... **Lothar Buttkus und Stephan Schueler**
1. FC Nürnberg .... **Guido Seibelt**
Borussia M'gladbach .... **Matthias Opdenhövel**
1. FC Köln .... **Michael Trippel**
MSV Duisburg .... **Stefan Leiwen und Christoph Schulze**
Eintracht Frankfurt .... **André Rothe**

• AUF DER LINIE • 167

Der DFB hat schon 1982 empfohlen, bei der Linierung von Fußballfeldern nur vollständig abgebundenen Kalk zu verwenden, also Calciumcarbonat oder gemahlenen Kalkstein (bekannt als Kreide). Erlaubt sind in unteren Klassen auch Sägemehl, Steinmehl und Linienweiß. Meist wird Sportplatzkreide verwendet, die durch Ablagerung von Meeresalgen entstanden ist. Kaum auszuhalten, was alles passieren kann, wenn man den falschen Kalk benutzt. Der ungelöschte ist ohnehin aus dem Spiel, aber auch gelöschter Kalk steckt voller Gefahren. Mit Wasser reagierender gelöschter Kalk kann stark ätzend sein, was wirklich nicht gut für die Schleimhäute ist. Der Brite Robbie Fowler hat einmal so getan, als würde er die weiße Linie mit der Nase aufnehmen, wofür er vom britischen Verband mit einer ordentlichen Geldstrafe belegt wurde. Die Herren Funktionäre hatten nämlich sofort verstanden, dass Fowler das Schnupfen von Kokain andeutete. Dazu ist zu bemerken, dass nicht einmal in Kolumbien zur Linierung von Fußballfeldern Kokain verwendet wird ....

• EINIGE LÄNGERE ELFMETERSCHIESSEN • 168

48 Elfmeter 23. Januar 2005 • **KK Palace vs. Civics** • Ergebnis 2:2 • **Im Elfmeterschießen 17:16** • Namibischer Pokal 2004/05 • **Erste Runde** ....

44 Elfmeter 20. November 1988 • **Argentinos Juniors vs. Racing Club Buenos Aires** • Ergebnis 2:2 • **Im Elfmeterschießen 20:19** • Argentinisches Ligaspiel **Saison 1988/89***

34 Elfmeter 28. November 1996 • **Gençlerbirligi SK vs. Galatasaray Istanbul** • Ergebnis 1:1 • **Im Elfmeterschießen 17:16** • Türkischer Pokal 1996/97 • **Achtelfinale** ...

30 Elfmeter 10. Oktober 2001 • **Pogon Stettin vs. Lech Posen** • Ergebnis 0:0 • **Im Elfmeterschießen 11:12** • Puchar-Polski-Cup 2001/02 • **Runde der letzten 16** ....

* In der argentinischen Meisterschaft wurde nach Spielen, die unentschieden endeten, ein Elfmeterschießen ausgetragen. Der Sieger erhielt einen Extrapunkt.

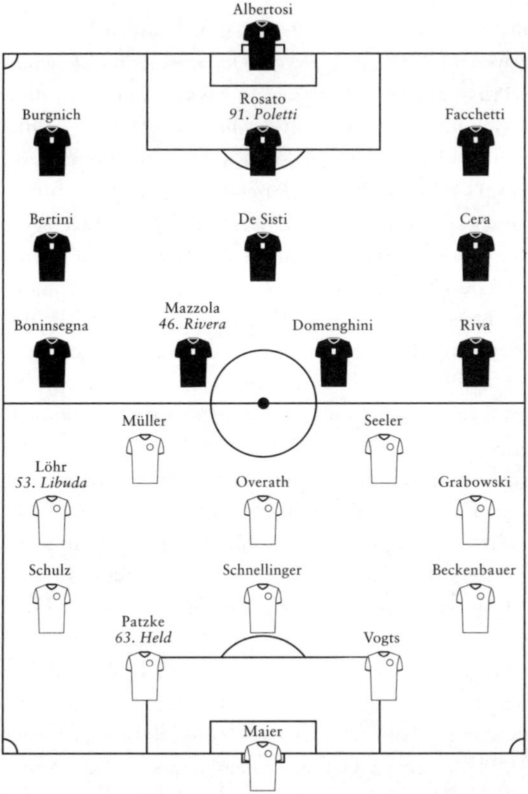

17. Juni 1970 • Italien vs. Deutschland 4:3 n.V. • Azteken-Stadion Mexiko-Stadt • Zuschauer 102.444 • Verwarnungen: De Sisti, Rosato, Domenghini, Müller, Overath • Schiedsrichter: Arturo Maldonado Yamasaki, Peru ....

1:0 *Boninsegna* 8. Minute • 1:1 *Schnellinger* 90. Minute • 1:2 *Müller* 94. Minute • 2:2 *Burgnich* 98. Minute • 3:2 *Riva* 104. Minute • 3:3 *Müller* 110. Minute • 4:3 *Rivera* 111. Minute.

Presidente Hayes • Paraguay Presidente Hayes ist einer von 18 Verwaltungsbezirken Paraguays. Das Departamento ist benannt nach dem US-Präsidenten Rutherford B. Hayes, der nach dem Tripelallianz-Krieg mit Argentinien, Brasilien und Uruguay einen Grenzstreit zwischen Paraguay und Argentinien schlichtete – zu Gunsten Paraguays. Der Verein Presidente Hayes wurde 1907 in der Hauptstadt Asunción, die ein eigener Bezirk ist, gegründet und spielt in der Primera de Ascenso eher eine Nebenrolle ....

FC Prince Louis • Burundi Der Verein ist benannt nach dem Prinzen Louis Rwagasore, Sohn von König Mwambutsa IV. und Angehöriger der Tutsi. Er war 1961 gerade Ministerpräsident geworden, als ihn ein Killer im Auftrag der belgien- und kirchenfreundlichen Christdemokratischen Partei ermordete. Der Mord stand am Ende einer komplexen Auseinandersetzung, die bereits mit der belgischen Kolonialisierung begann und mit Rwagasores Forderung nach Unabhängigkeit auf dem Höhepunkt stand. Er gründete die Union for Political Progress (Uprona). Dem hierzulande bekannteren Patrice Lumumba aus dem Kongo, gleichfalls ermordet, stand er nahe. Prince Louis zu Ehren heißt der Verein, wie er heißt. Der 13. Oktober ist bis heute Rwagasore-Tag: der „Tag des Heldenmords".

Club de Regatas Vasco da Gama • Brasilien Viele brasilianische Fußballvereine heißen „Regattaverein". Das kommt daher, dass viele der heutigen Fußballvereine als Ruderklubs gegründet wurden. Dieser 1898. Vasco da Gama ist der Name des berühmten portugiesischen Seefahrers – zu einem Ruderklub schien das zu passen. Dann wechselte der Sport, der Name aber blieb. Heute schmückt sich der Verein aus Rio de Janeiro mit dem Weltrekord seines Torhüters Geraldo Pereira de Matos Filho, genannt Mazarópi, der am längsten in Erstligapartien ohne Gegentor blieb: 21 Spiele lang. Ebenfalls schmückend: Stars wie Edmundo, Bebeto und Romário beschäftigt zu haben. Und Roseli. Roseli de Belo war eine der besten Stürmerinnen der Welt und spielte bei C.R. Vasco da Gama im genauso erfolgreichen Frauenteam ....

Willem II Tilburg • Niederlande 1896 hatte der Student Gerard de Ruiter endlich eine Mannschaft zusammen. Er hatte von diesem Spiel gehört, Fußball, das in Nordbrabant noch keiner kannte, aber im August hatte er elf Männer im Café Marinus versammelt, und der Club Tilburgia wurde gegründet. Am 12. Januar 1898 wurde der Verein umgetauft in Willem II. Als Erinnerung und Ehrung: Willem II. (1792–1849) war Tilburg stets treu geblieben. Als Prinz von Oranje und späterer König der Niederlande hatte er seinen Hofstaat in Tilburg aufgeschlagen, auch als es darum ging, den belgischen Aufstand niederzuschlagen. „Hier kann ich frei atmen", sagte er über die Stadt, unterstützte ihren Status als Wollproduktionsstandort auch finanziell und blieb in Tilburg bis zu seinem Tod. Willem II spielt in der ersten niederländischen Liga, der Ehrendivision, und steht in der ewigen nationalen Rangliste auf Platz acht. Unter anderem spielten dort Marc Overmars und Jaap Stam.

171 • BUNDESTRAINER VOR JÜRGEN KLINSMANN •

Name	Dienstzeit	L	S	U	N
Otto Nerz	1930–1936	70	42	10	18
Sepp Herberger	1936–1964	162	92	26	44
Helmut Schön	1964–1978	139	87	30	22
Jupp Derwall	1978–1984	67	45	11	11
Franz Beckenbauer ...	1984–1990	66	36	17	13
Berti Vogts	1990–1998	102	67	23	12
Erich Ribbeck	1998–2000	24	10	6	8
Rudi Völler	2000–2004	53	29	11	13

L=Länderspiele • S=Siege • U=Unentschieden • N=Niederlagen

• TRIKOTSPONSOREN 2005/06 • 172

FC Bayern München T-Com. *Internet- und Telefonanschluss, -anlagen, -tarife.*
FC Schalke 04 Victoria Versicherungen. *Versicherungen* ....
SV Werder Bremen KiK Textilien. *Textilien- und Non-Food-Handel, zum Beispiel Streifentrolleys, Sonnenbrillen, Badeschlappen* ....
Hertha BSC Berlin Arcor. *Telekommunikation und Internet* ....
VfB Stuttgart EnBW Energie Baden-Württemberg AG. *Stromversorgung*
Bayer 04 Leverkusen RWE. *Energie- und Wasserversorgung* ....
Borussia Dortmund e-on. *Strom und Gas* ....
Hamburger SV Adig. *Depoteröffnung und -führung, Vermögensaufbau, Altersvorsorge* ....
VfL Wolfsburg VW. *Automobilherstellung* ....
Hannover 96 TUI. *Tourismus* ....
FSV Mainz 05 DBV Winterthur. *Versicherungen, Geldanlage, Immobilienfinanzierung* ....
1. FC Kaiserslautern Deutsche Vermögensberatung. *Individuelle Vermögensplanung, Allfinanz- und Vermögensberatung* ....
Arminia Bielefeld Krombacher. *Bier* ....
1. FC Nürnberg mister+lady jeans. *Mode und Jeansbekleidung* ....
Borussia Mönchengladbach Kyocera. *Technologie, u.a. Kameras, Drucker, Kopierer* ....
1. FC Köln Gerling. *Versicherungen* ....
MSV Duisburg Iceline. *Tiefkühlgerichte* ....
Eintracht Frankfurt Fraport. *Airport-Management* ....

• ES GIBT KEINE KLEINEN MEHR X • 173

Luxemburg Versuchte sich seit 1934 in der WM-Qualifikation. 2 Siege, 90 Niederlagen, 2 Unentschieden. Torverhältnis 45:308 .....

Auch traurig: Luxemburg verlor zwischen 1973 und 1989 32 Spiele hintereinander. Erst mit einem 1:1 gegen die Türkei fand die Serie ihr Ende.

• Platzverweis (rote Karte) •
Ermahnung (gelbe Karte)

• Tor •

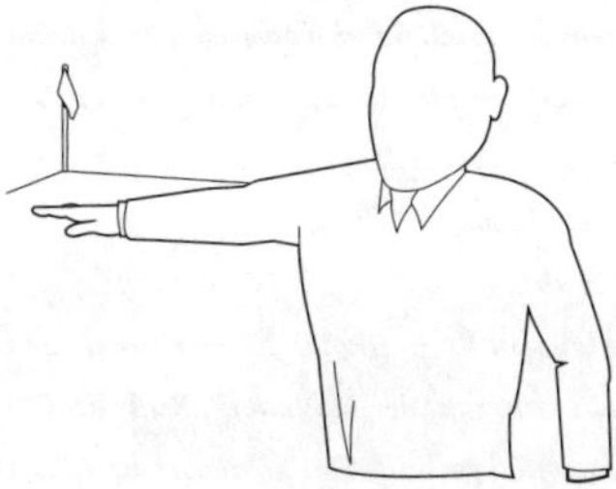

• Eckstoß •

• Indirekter Freistoß •

• 1990, WM Italien, Reporter Erich Laaser •

Es hält da unten niemand mehr auf der deutschen Bank.
Alle sind aufgesprungen. Beckenbauer steht. Ganz erstarrt. Neben ihm Holger Osieck. Professor Hess hat auf die Uhr geschaut, hat gezeigt, es muss gleich Schluss sein. Da unten feiern sie schon ein bisschen. Die Ersatzspieler schauen zu, was die deutsche Mannschaft macht. Nur jetzt keinen Fehler begehen.
Und dann pfeift er ab.
Er pfeift ab.
Das Spiel ist aus ...
Das kann nicht wahr sein:
Er hat einen Freistoß gesehen.
Das kann überhaupt nicht wahr sein,
es ist vor der Zeit, und es ist noch einiges nachzuspielen.
Natürlich war Riesenjubel im Stadion. Jeder dachte, das sei es gewesen.
Aber das war's noch nicht. Einwurf für die deutsche Mannschaft. Was kostet das jetzt Nerven da unten? Jürgen Kohler kann's kaum aushalten, greift sich immer an den Kopf. Sagt: abpfeifen. Berthold ausgewechselt, springt hoch. Der Teamchef: mit stoischer Ruhe, aber innen kocht es, innen brodelt es. Er steht vor dem großen Triumph, als Teamchef hier Weltmeister zu werden, in seinem letzten, in seinem 66. Spiel. 66 in Wembley war er dabei als Spieler, da hat's nicht gereicht, aber 74 war er Weltmeister als Spieler und 1990 wird er Weltmeister als Teamchef werden.
Alles schaut zu Codesal Mendez.
Wann pfeift er ab?
Jetzt schaut er wieder auf die Uhr. Weiter Abschlag von Bodo Illgner. Noch einmal nach vorne. Zu Rudi Völler. Mit langen Schritten geht er heran, der Hanauer. „Rudi Rudi"-Rufe hier im weiten Rund. Pierre Littbarski. Noch mal gefoult. Der Schiedsrichter lässt Vorteil gelten: Litti hat den Ball immer noch. In der Mitte wartet Rudi Völler. Immer noch der dreißigjährige Kölner bei seiner dritten WM. Er stand im Finale 82, es hat nicht gereicht. 86 musste er von draußen zuschauen. Und hier heute abend in Rom ist er Weltmeister. Deutschland ist Fußballweltmeister. Am Abend des achten Juli um 21 Uhr 50 ist die deutsche Mannschaft Fußballweltmeister in Italien geworden.

• 1974, WM Deutschland, Reporter Oskar Klose •

Die neunzig Minuten von
München sind schon zu Ende. Schiedsrichter Taylor
schaut auf die Uhr. Deutschland steht kurz vor dem Gewinn der
Weltmeisterschaft. Wer hätte das für möglich gehalten? Jetzt müssen sie noch
einmal alle Kräfte zusammennehmen und den Ball halten. Müller kriegt ihn
vom Freistoß, fällt zu Boden. Und das Spiel ist aus!
Das Spiel ist aus.

• 1954, WM Schweiz, Reporter Herbert Zimmermann •

Deutschland führt 3:2
im Endspiel der Fußballweltmeisterschaft.
Aber es droht Gefahr: die Ungarn auf dem rechten Flügel.
Jetzt hat Fritz Walter den Ball über die Außenlinie ins Aus geschlagen.
Wer will ihm das verdenken? Die Ungarn erhalten einen Einwurf
zugesprochen. Der ist ausgeführt, kommt zu Bozsik.
Aus! Aus! Aus! Aus! Das Spiel ist aus!
Deutschland ist Weltmeister,
schlägt Ungarn mit drei
zu zwei Toren im
Finale in Bern.

176 • IN DER BUNDESLIGA NUR ZU BESUCH •

Verein	Saison	Spiele	S	U	N	T	P
SSV Ulm 1846	1999/00	34	9	8	17	36:62	35
VfB Leipzig	1993/94	34	3	11	20	32:69	20
Blau-Weiß 90 Berlin	1986/87	34	3	12	19	36:76	21
Fortuna Köln	1973/74	34	8	9	17	46:79	33
Tasmania 1900 Berlin	1965/66	34	2	4	28	15:108	10
Preußen Münster	1963/64	30	7	9	14	34:52	30

• ÜBLICHE FUSSBALLWÄHLMÜNZEN • 177

Wählmünze aus goldfarbenem Metall 30 mm Durchmesser, 3 mm stark. Vorne Ball für Anstoß, hinten Spielfeld für Seitenwahl ....
Wählmarke aus Polyvinylchlorid (PVC) vorne gelb, hinten schwarz, schwer verwüstlich ....

• WIR SIND NUR EIN KARNEVALSVEREIN? II • 178

FSV Mainz 05, gegründet 16. März 1905.
Örtliche Konkurrenz (Auswahl) C.C. „Rote Husaren" Kostheim 1952 e.V. • Carneval Club Budenheim 1925 e.V. • Carneval Club Weisenau 1948 e.V. – Burggrafengarde • Carneval Verein Entenbrüder 1900 e.V. • Carneval Verein Kleppergarde Gonsenheim 1877 e.V. • Carnevalverein „Eiskalte Brüder" Mainz-Gonsenheim • Carnevalverein Schwarze Gesellen Laubenheim e.V. • Finther Carneval Verein • Gonsenheimer Carneval Verein 1892 e.V. • Gustavsburger Carneval Club 1947 e.V. • Interessengemeinschaft Mittelrheinischer Carneval • KCK Karneval Club Kastel e.V. • Kostheimer Carneval-Verein 1923 e.V. • LCC Lörzweiler Carneval Club 1949 e.V. • Mainzer Carneval Gesellschaft 1957 e.V. • Mainzer Carneval Verein 1838 e.V. • Mainzer Carneval-Club e.V. • Mombacher Carneval Gesellschaft „Maletengarde" 1953 e.V. • Mombacher Carneval Verein „Die Bohnebeitel" e.V. ....

• FUSSBALLGUCKEN UND DIE FOLGEN • 179

1 Flasche Bier 0,33 Liter .... 140 Kalorien
1 Tüte Kartoffelchips 150 g .... 800 Kalorien
1 Frikadellen-Brötchen .... 440 Kalorien
1 Dose Erdnüsse 100 g .... 580 Kalorien
1 Portion Pommes mit Bratwurst .... 890 Kalorien
1 Pizza 500 g .... 1.500 Kalorien

180 • AUSGEDIENT •

Der Vorgänger des seltsamen Bären Berni als Maskottchen des FC Bayern München war der Bazi. Es handelte sich um eine Figur in Trikot und Lederhosen mit einem riesigen Kopf. Weil der große Kopf so schwer war, konnten die Menschen, die im Kostüm des Bazis steckten, nur sehr langsam durchs Stadion gehen, was dem Bazi inmitten des Getöses eine wunderbar melancholische Aura verlieh. Am liebsten stand er etwas versetzt hinter dem Tor. Eine Weile betrachtete er von dort das Spiel, bis er sehr langsam, jeden Schritt bedächtig auf die Tartanbahn setzend, zurück zum Spielertunnel schlenderte, in dem er verschwand ....

181 • WO DIE FANS STEHEN •

FC Bayern München Allianz Arena .... Südkurve
FC Schalke 04 Veltins Arena ...... Nordkurve, nach Nordosten ausgelegt
SV Werder Bremen Weserstadion .... Ostkurve
Hertha BSC Berlin Olympiastadion .... Ostkurve
VfB Stuttgart Gottlieb-Daimler-Stadion .... Cannstatter Kurve
Bayer 04 Leverkusen BayArena .... Nordkurve
Borussia Dortmund Signal Iduna Park .... Südtribüne
Hamburger SV AOL Arena .... Nordtribüne
VfL Wolfsburg Volkswagen-Arena .... Nordtribüne
Hannover 96 AWD-Arena .... Nordkurve • Rote Kurve
FSV Mainz 05 Stadion am Bruchweg .... Süd- und alle anderen Tribünen
1. FC Kaiserslautern Fritz-Walter-Stadion Karlsberg-UrPils-Westtribüne
Arminia Bielefeld Schüco-Arena ...... Südtribüne • Teil der Osttribüne
1. FC Nürnberg Frankenstadion .... Nordkurve
Borussia M'gladbach Borussia-Park .... Nordtribüne
1. FC Köln Rhein-Energie-Stadion .... Südtribüne
MSV Duisburg MSV-Arena ..... König-Pilsener-Fankurve • Nordtribüne
Eintracht Frankfurt Commerzbank Arena .... Westkurve

BOMBER DER NATION VII 182

Spieler	Land	Ligaspiele	Tore
Jimmy Greaves	England	516	**357**

FC Chelsea 1957–1960
Tottenham Hotspur 1961–1970
West Ham United 1970–1971

SINGENDE FUSSBALLER 183

Jonathan Akpoborie .... **Verein** VfB Stuttgart **Label** CDS Records **Jahr** 1998
Titel .... **We Will Win**

•••

Franz Beckenbauer .... **Verein** FC Bayern München **Label** Polydor **Jahr** 1966
Titel .... **Du allein – Gute Freunde kann niemand trennen**

•••

Thomas Brdaric .... **Verein** Hannover 96 **Label** Coastland **Jahr** 2003
Titel .... **Die wilde 13**

•••

Ümit Davala .... **Verein** SV Werder Bremen **Label** Istanbul Plak **Jahr** 2004
Titel .... **Bir Ask Hikayesi – Par, Para, Para**

•••

Charly Dörfel .... **Verein** Hamburger SV **Label** Polydor **Jahr** 1965
Titel .... **Das kann ich dir nicht verzeihn – Erst ein Kuss**

•••

Stefan Engels *mit Paul Steiner* .... **Verein** 1. FC Köln **Label** Soso Rec. **Jahr** 1982
Titel .... **Fußball-Show**

•••

Jimmy Hartwig .... **Verein** Hamburger SV **Label** CDS Records **Jahr** 1980
Titel .... **Mama Calypso – Sometimes**

•••

Kevin Keegan .... **Verein** Hamburger SV **Label** EMI Records **Jahr** 1979
Titel .... **Head Over Heels in Love – Move On Down**

Andi Köpke *mit TT Fresh* **Verein** 1. FC Nürnberg **Label** Jacrabet Records **Jahr** 1992
Titel .... **Nummer 1** Stadion Version **Nummer 1** Club Version

•••

Peter Közle .... **Verein** MSV Duisburg **Label** Double You G Records **Jahr** 1994
Titel .... **Sightseeing – Guten Morgen Duisburg**

•••

Erwin und Helmut Kremers ..... **Verein** FC Schalke 04 **Label** Philips **Jahr** 1974
Titel **Tanz nur mit mir, schönes Mädchen – Kein Addio, kein Goodbye**

•••

Dirk Lottner *mit Et Fussich Julchen* **Verein** 1. FC Köln **Label** Veedel Ton **Jahr** 2000
Titel **Mir sin kölsche Junge – De Sonn steht huh üvver Müngersdorf**

•••

Sepp Maier .... **Verein** FC Bayern München **Label** Polydor **Jahr** 1968
Titel **Die bayerische Loreley – Humor ist, wenn man trotzdem lacht**

•••

Gerd Müller .... **Verein** FC Bayern München **Label** Vogue Records **Jahr** 1967
Titel .... **Raba da da – Nur jetzt nicht weinen**

•••

Jay Jay Okocha .... **Verein** Eintracht Frankfurt **Label** Intercord **Jahr** 1994
Titel .... **I I Am Am J J**

•••

Jean-Marie Pfaff .... **Verein** FC Bayern München **Label** Allstar **Jahr** 1984
Titel .... **Jetzt bin ich ein Bayer**

•••

Anton Polster *mit den Fabulösen Thekenschlampen* .... **Verein** 1. FC Köln
Label Chlodwig Musik **Jahr** 1997 ....
Titel .... **Toni, lass es polstern**

•••

Petar Radenkovic .... **Verein** TSV 1860 München **Label** Decca Records **Jahr** 1966
Titel .... **Radi und Radieschen – Arbeit macht das Leben süß**

•••

Vielleicht sollte Fußball immer gespielt werden wie beim Ashbourne Royal Shrovetide Football. Das Spiel dauert acht Stunden, die Tore stehen drei Meilen auseinander, und allzu viele Regeln gibt es nicht. Gespielt wird in jedem Jahr am Faschingsdienstag (Shrove Tuesday) und am Aschermittwoch (Ash Wednesday), und das seit dem 12. Jahrhundert. Es treten zwei Mannschaften gegeneinander an, zu welchem Team man gehört, hängt davon ab, auf welcher Seite des Bachs Henmore Brook man geboren wurde. Die Anzahl der Spieler ist beliebig. Von erhöhter Position wird der korkgefüllte Lederball in die Menschenmassen geworfen, und dann beginnt ein ziemliches Gerangel. Die von südlich des Henmore wollen den Ball zur Clifton Mill treiben. Die von nördlich des Henmore haben das entgegengesetzte Ziel, sie streben der Sturston Mill zu.

• Die Regeln •

Mord und Totschlag sind verboten • Unnötige Gewalt wird abgelehnt • Privatgrund ist nicht zu überqueren • Friedhöfe und Kirchhöfe sind ebenfalls nicht zu überqueren • Der Ball darf nicht in Taschen oder Rucksäcken versteckt werden • Der Ball darf nicht in motorisierten Fahrzeugen transportiert werden • Nach Mitternacht wird nicht gespielt ....

• Ein schöner Shrovetide-Tag •

12 Uhr Rund 400 Menschen treffen sich vor dem Spiel zu einem Mittagessen und lauschen einigen Reden, und zwar im „The Green Man Royal Hotel" St. Johns Street, Ashbourne, Derbyshire, DE6 1GH ....

13.50 Uhr Der Ball wird die Dig Street entlang bis zur Einwurfposition getragen. Der Einwerfer wird traditionell von einigen Spielern auf den Schultern getragen ....

14 Uhr Es wird gesungen: das schottische „Auld Lang Syne" (auf deutsch bekannt als: „Nehmt Abschied, Brüder") und die Nationalhymne, dann wird der Ball eingeworfen ....

17 Uhr Erzielt jemand vor 17 Uhr einen Treffer, wird ein neuer Ball eingeworfen, da der Torschütze den Ball als Erinnerungsstück behalten darf. Erzielt niemand vor 17 Uhr einen Treffer, wird weitergespielt, bis jemand ein Tor erzielt oder die Zeit abgelaufen ist. **22 Uhr** Die Zeit ist abgelaufen. Wurde kein Tor erzielt, muss der Ball zum „The Green Man Royal Hotel" zurückgebracht werden ...

185 • MEISTER MEHRERER LÄNDER •

1991–1998	Marco Etcheverry	Bolivien • Chile • USA • Ecuador
1986–1998	Michael Laudrup	Italien • Spanien • Holland
1987–1997	Brian Laudrup	Dänemark • Italien • Schottland
1985–1995	Trevor Steven	England • Schottland • Frankreich
1975–1988	Ulrich Stielike	Deutschland • Spanien • Schweiz
1967–1984	Elías Figueroa	Uruguay • Brasilien • Chile
1970–1982	Johan Neeskens	Holland • Spanien • USA
1969–1981	Manga	Brasilien • Uruguay • Ecuador
1967–1973	Luis Artime	Argentinien • Uruguay • Brasilien
1947–1964	Alfredo di Stéfano	Argentinien • Kolumbien • Spanien
1936–1957	Jose M. Moreno	Argentinien • Mexiko • Chile • Kolumbien
1933–1943	Domingos da Guia	Uruguay • Brasilien • Argentinien
1917–1924	Alfred Schaffer	Ungarn • Deutschland • Österreich

186 • STERNE AUF DER BRUST III •

Ein deutscher Fußballverein erhält für drei Meistertitel (Bundesliga) einen Stern, ab fünf Meistertiteln zwei Sterne und ab zehn Meistertiteln drei Sterne.

Verein	Sterne	Titel
FC Bayern München	3	18
Borussia M'gladbach	2	5
SV Werder Bremen	1	4
Hamburger SV	1	3
Borussia Dortmund	1	3

• REGELKUNDE IX • 187

Offizielle Fifa-Regeln, aus Regel 4 (Ausrüstung der Spieler).
Ein Spieler, der sein Hemd oder Trikot auszieht und auf dessen Unterleibchen Slogans oder Werbeaufschriften zum Vorschein kommen, wird vom Organisator des betreffenden Wettbewerbs mit einer Strafe belegt. Ein Hemd ist ein Kleidungsstück mit Ärmeln ...

• STADIEN, DIE ALT BLEIBEN DÜRFEN • 188

Tivoli • Aachen Als im September 1957 das erste Flutlichtspiel gegen Olympique Marseille ausgetragen wurde, galt der Tivoli als eines der modernsten Stadien Deutschlands. Heute ist er nicht mehr modern, aber stimmungsvoll ....
Millerntor • St. Pauli Das erste entstand nach 1918 am Heiligengeistfeld, ab 1961 wurde das zweite Millerntorstadion gebaut, wieder am Heiligengeistfeld. Ab 1970 hieß es Wilhelm-Koch-Stadion. Dann stellte sich heraus, dass Koch Mitglied der NSDAP gewesen war. Seit 1998 heißt das Stadion wieder Millerntor ....
Georg-Melches-Stadion • Essen Ein Hexenkessel. Obwohl der Kessel heute an der Westseite offen ist – wegen Baufälligkeit wurde die Tribüne abgerissen. Nun ist es ein dreiseitiges Stadion ....
Stadion Rote Erde • Dortmund 1937 eröffnet, im Krieg schwer beschädigt, aber es steht. Heute spielen dort, direkt neben dem Westfalenstadion, die Amateure von Borussia Dortmund ....
Jahnstadion • Regensburg Seit Jahren wird in Regensburg über einen Neubau diskutiert, doch das Jahnstadion von 1931 genügt den Ansprüchen. Zudem bleibt es für immer ein olympisches Stadion. 1972 wurden hier olympische Fußballspiele ausgetragen ....
Stadion an der Grünwalder Straße • München Entstand seit 1911, ist heute eines der meistgenutzten Stadien Deutschlands. Darin spielen die Amateur- und Jugendmannschaften des TSV 1860 München und des FC Bayern München ....

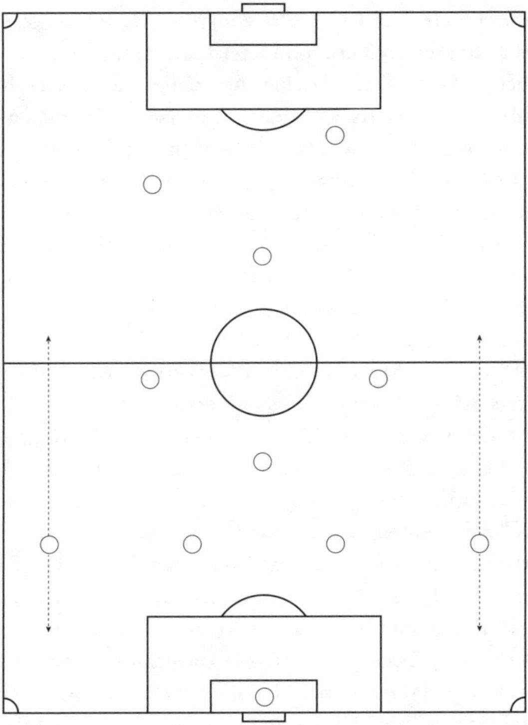

Ein Mann zentral vor der Abwehr, zwei Halbaußen und ein Mann hinter den Spitzen bilden eine Raute im Mittelfeld. Davor spielen zwei Spitzen, dahinter steht eine Viererkette. Die Außenverteidiger übernehmen auch Aufgaben in der Offensive. Im hohen Tempo des modernen Spiels hat sich die Raute als besonders flexibel bewährt. Der FC Bayern München spielt die Raute ebenso wie der SV Werder Bremen oder der FC Schalke 04. Auch Trainer José Mourinho mag die Raute, das sah man erst beim FC Porto (Champions-League-Sieger 2004), dann beim FC Chelsea.

Februar 1993 Michael Klein (33) vom KFC Uerdingen stirbt während des Trainings an Herz- und Kreislaufversagen ....
September 1996 Die französischen Amateure Franck Sarrabayrouse (25) und William Disciullo (29) sterben in verschiedenen Spielen am selben Spieltag auf dem Spielfeld nach Herzinfarkt ....
August 1997 Der Nigerianer Emmanuel Nwanegbo (30) vom SSV Reutlingen bricht während des Spiels gegen den SC Weismain bewusstlos zusammen und stirbt kurz darauf an einem Herzinfarkt.
April 1998 Axel Jüptner (28) vom FC Carl Zeiss Jena stirbt an Herzversagen, nachdem er drei Tage zuvor nach leichtem Training zusammengebrochen ist ....
Juni 1998 Torwart Markus Paßlack (24) stirbt während eines Probetrainings beim SSV Ulm an einem Herzinfarkt ....
Juli 1999 Stefan Vrabioru (23) vom rumänischen Erstligisten Astra Ploiesti stirbt, nachdem er bei einem Zusammenprall mit einem Gegenspieler einen Herzstillstand erleidet ....
Februar 2000 Der Nigerianer John Ikoroma (17) stirbt während eines Freundschaftsspiels in den Vereinigten Arabischen Emiraten nach einem Herzinfarkt ....
August 2000 Innerhalb von zwei Wochen brechen im hessischen Fußball-Kreis Waldeck drei Amateurspieler auf dem Platz tot zusammen. Ein 16-Jähriger stirbt beim Training, ein 30-Jähriger und ein 42-Jähriger während eines Spiels ....
Oktober 2000 Der rumänische Nationalspieler Catalin Haldan (24) von Dinamo Bukarest erleidet in einem Freundschaftsspiel einen Gehirnschlag und stirbt ....
Juni 2002 Der zypriotische Zweitligaspieler Michael Michel (32) erleidet auf dem Spielfeld einen Herzinfarkt und stirbt ....
Dezember 2002 Der Mazedonier Stefan Toleski (22), unter Vertrag bei FK Napredok, stirbt an den Folgen einer Herzattacke, die er während eines Meisterschaftsspiels erleidet ....

Juni 2003 Kameruns Nationalspieler Marc-Vivien Foe (28) bricht im Halbfinale des Konföderationen-Pokals in Lyon gegen Kolumbien zusammen und stirbt wenig später ....
Juli 2003 Max (21) vom brasilianischen Drittligisten Botafogo Riberao Preto, mit bürgerlichem Namen Maximiliano Patrick Ferreira, stirbt kurz nach dem Training an einem Herzinfarkt ....
Januar 2004 Andrej Pawitskij (18) vom ukrainischen Verein Arsenal Kiew stirbt während des Trainings ....
Januar 2004 Der ungarische Nationalspieler Miklos Feher (24) von Benfica Lissabon bricht im Spiel der portugiesischen Meisterschaft gegen Vitória Guimarães zusammen und stirbt wenig später ....
Oktober 2004 Der brasilianische Profi Serginho (30) von São Caetano, mit bürgerlichem Namen Paulo Sergio Oliveira, bricht während eines Spiels gegen den FC São Paulo zusammen und stirbt an plötzlichem Herz- und Atemstillstand (nicht zu verwechseln mit Serginho vom AC Mailand) ....
Dezember 2004 Der Brasilianer Cristiano de Lima Junior (24) vom indischen Dempo Sports Club Goa stirbt nach einem Zusammenprall mit dem gegnerischen Torwart im Finale um den indischen Föderationen-Pokal an einem Herzanfall ....
Februar 2005 Der slowenische Torwart Nedzad Botonjic (26) von NK Olimpija Ljubljana stirbt nach einem Herzinfarkt, den er im Training erleidet ....

191 • ERINNERUNGSSTÜCKE •

Offizielle Mannschaftsaufstellung England gegen Irland 1897........	**Euro**	6.622
Kappe mit der Aufschrift: England World Cup 1966	**Euro**	54.131
Geoff Hursts rotes Trikot aus dem WM-Finale von 1966	**Euro**	132.090
Gordon Banks' Medaille aus dem WM-Finale von 1966	**Euro**	178.520
Pelés gelbes Trikot aus dem WM-Finale von 1970	**Euro**	227.109

• THE BEAUTIFUL GAME • 192

Diese Bezeichnung für den Fußball stammt nicht aus England, dem Heimatland des Spiels, sondern aus der im Mai 1977 erschienenen Autobiographie Pelés *My Life And The Beautiful Game* ....

• DAS SCHÖNSTE TOR • 193

Es ist der 22. Juni 1986, im Aztekenstadion zu Mexiko-Stadt läuft das Viertelfinale der WM 1986 zwischen Argentinien und England. Neun Minuten nach Anpfiff zur zweiten Hälfte passt Héctor Enrique zu Diego Armando Maradona, der den Ball in der eigenen Hälfte annimmt, zehn Meter vor der Mittellinie. Es steht 1:0, Maradona hat den Treffer mit der Hand erzielt. Später sagt er, es sei die Hand Gottes gewesen, die da gewirkt habe. Nun hat Maradona den Ball am Fuß, und ganz selbstverständlich beginnt er seinen Lauf in Richtung des englischen Tores, als wisse er, was in den kommenden zehn Sekunden passieren würde. Auf einer Strecke von 60 Metern umkurvt Maradona Glen Hoddle, Peter Reid, Kevin Sansom, dann Terry Butcher und Terry Fenwick, Statisten in einem der größten Momente des Fußballs. Schließlich lässt Maradona auch Torhüter Peter Shilton aussteigen und schiebt den Ball zum 2:0 für Argentinien ins Tor ....

• EM-MASKOTTCHEN • 194

EM 1980 Italien .... Holzpuppe ***Pinocchio***
EM 1984 Frankreich .... Hahn ***Peno***
EM 1988 Deutschland .... Hase, schwarz-weißes Trikot ***Berni***
EM 1992 Schweden .... Hase, gelbes Trikot ***Namenlos***
EM 1996 England .... Löwe ***Goaliath***
EM 2000 Belgien • Niederlande .... Teufel ***Benelucky***
EM 2004 Portugal .... Dorfjunge ***Kinas***

195 • ÜBLICHE STADIONWURST •

Energie .... 295,7 Kcal
Magnesium .... 20,0 mg
Wasser .... 54,9 g
Calcium .... 12,0 mg
Eiweiß .... 15,1 g
Phosphor .... 130,0 mg
Fett .... 26,3 g
Eisen .... 0,8 mg
Kohlenhydrate .... 0,3 g
Zink .... 1,3 mg
Ungesättigte Fettsäuren ... 3,0 g
Vitamin A .... 16,0 µg
Cholesterin .... 53,0 mg

Carotin .... 0,1 mg
Alkohol .... 0,0 g
Vitamin E .... 0,3 mg
Harnsäure .... 92,0 mg
Folsäure .... 0,0 µg
Tierisches Eiweiß .... 15,1 g
Vitamin B1 .... 0,5 mg
Ballaststoffe .... 0,1 g
Vitamin B2 .... 0,1 mg
Natrium .... 978,0 mg
Vitamin B6 .... 0,3 mg
Kalium .... 248,0 mg
Vitamin C .... 22,8 mg

196 • GEMISCHTES DOPPEL •

Einige Spieler, die den Europokal der Landesmeister oder die Champions League mit zwei Vereinen gewonnen haben.

Saul Malatrasi .... 1965 Inter Mailand 1969 AC Mailand
Miodrag Belodedici .... 1986 Steaua Bukarest 1991 Roter Stern Belgrad
Ronald Koeman .... 1988 PSV Eindhoven 1992 FC Barcelona
Dejan Savicevic .... 1991 Roter Stern Belgrad 1994 AC Mailand
Marcel Desailly .... 1993 Olympique Marseille 1994 AC Mailand
Frank Rijkaard .... 1989, 1990 AC Mailand 1995 Ajax Amsterdam
Vladimir Jugovic .... 1991 Roter Stern Belgrad 1996 Juventus Turin
Didier Deschamps ... 1993 Olympique Marseille 1996 Juventus Turin
Paolo Sousa .... 1996 Juventus Turin 1997 Borussia Dortmund
Christian Panucci .... 1994 AC Mailand 1998 Real Madrid
Clarence Seedorf .... 1995 Ajax Amsterdam 1998 Real Madrid

Clarence Seedorf gewann mit einem dritten Verein: 2003 siegte er mit dem AC Mailand.

Der Münchner Koch Alfons Schuhbeck begleitet seit 16 Jahren den FC Bayern München zu Europapokal-Auswärtsspielen. Die Menüzubereitung bespricht Schuhbeck mit Mannschaftsarzt und Trainer. In Kooperation mit der Küche des jeweiligen Mannschaftshotels kocht er landestypische Kost und Gewohntes. Die typische Anrichtungsform ist das Buffet.

Frühstück Es umfasst mit Variationen: Rührei, Spiegelei, Müsli, Bauernbrot aus München, landestypisches Brot, Marmelade, Obst, Putenschinken und Hinterschinken. Besonders beliebt bei den Spielern sind Rührei und Spiegelei, es ist jedoch bei ihnen üblich, die Nahrungsaufnahme morgens zu beschränken. Wichtig ist vielen Kaffee. Die beschränkte Nahrungsaufnahme beim Frühstück gilt weniger für die Funktionäre, was sich auch bei den anderen Mahlzeiten sagen lässt ....

Mittagessen Es besteht aus kohlehydratreicher, also energiespendender Kost. Es beginnt mit Vorspeisen verschiedener Art: Tomaten und Mozzarella, Antipasti und Sülze, da sie Gallert enthält (mögliche Variationen: u.a. Tafelspitz-, Fisch- und Tintenfischsülze), sowie dem FC-Bayern-Salat. Der ist eine Kreation Schuhbecks und enthält knackige Salate, die nicht ermüdend wirken: Feldsalat wirkt ermüdend, Bittersalate nicht. Die Komposition enthält Chicorée oder Radicchio, Blattsalate werden untergemischt. Zur kohlehydratreichen Kost wird eiweißreiche Kost angeboten: Fleisch, Geflügel, frischer Fisch. Bei Spielen gegen Trondheim serviert Schuhbeck gern Lachs. In anderen Städten sind es unter anderem Zander oder Saibling. Hinzu kommen Sonderwünsche. Bixente Lizarazu mag zum Beispiel Seezunge ....

Nachmittagsimbiss Er wird am Spieltag dreieinhalb Stunden vor dem Anpfiff, gegen 17 Uhr, gereicht. Er besteht aus Sandkuchen und Sandwiches. Auf Sonderwunsch (kommt gelegentlich vor) ist auch ein Steak erhältlich. Anschließend wird die Nahrungsaufnahme bis Spielbeginn eingestellt ....

Abendessen Es erinnert in seiner Zusammenstellung an das Mittagessen. Stets werden sowohl kalte als auch warme Speisen angeboten. Die Spieler nehmen nach getaner Arbeit gerne den FC-Bayern-Salat und Nudeln zu sich ....

Import Schuhbeck importiert eine handelsübliche, aber eigene Kaffeemaschine und eigenen Kaffee, wegen der von Land zu Land unterschiedlichen Kaffeezubereitungsarten, die nicht immer das Wohlwollen aller Spieler genießen; 20 kg Reis; 40 kg Nudeln (italienische De Cecco); Saucen; Bauernbrot aus München; vorgereiftes Fleisch. Außerdem benötigt Schuhbeck vier Mitarbeiter: zwei Servicebedienstete und zwei Köche, von denen einer bereits zwei Tage vor den anderen anreist, um das Angebot auf dem jeweiligen lokalen Markt zu sichten, zu prüfen und zu kaufen ....

Am Ort Nicht importiert werden Kochutensilien wie Pfannen, Töpfe und Pürierstäbe, welche vom Hotel gestellt werden, sowie Kartoffeln, Fisch, Gemüse und Salate ....

Feiern Die Deutsche Meisterschaft 2003 wurde mit Fischsuppe, Rinderfilet an Kartoffelbärlauch, süß-sauer marinierter Bratwurst, geeistem Kaiserschmarrn und dem FC-Bayern-Salat feierlich begangen. Der Champions-League-Sieg 2001 dagegen mit Champagner und vor allem Weißbier. Gegessen wurde erst wieder am nächsten Abend ....

198 • VON DER VERGÄNGLICHKEIT •

Einigen skandinavischen Mannschaften ist der Gewinn der nationalen Meisterschaft nicht gut bekommen. Sie stiegen im Jahr nach dem Titelgewinn ab. In der Saison 1950/51 scheinen diesbezüglich besondere Kräfte gewirkt zu haben: Der norwegische, der finnische und der dänische Meister stiegen ab.

Klub	Land	Meister	Abgestiegen
Herfølge BK	Dänemark	2000	2001
Haka Valkeakoski	Finnland	1995	1996
TPV Tampere	Finnland	1994	1995
B71 Sandur	Färöer Inseln	1989	1990
Hvidovre IF	Dänemark	1973	1974
IFK Göteborg	Schweden	1969	1970
SK Brann Bergen	Norwegen	1963	1964
Djurgården Stockholm	Schweden	1959	1960
GAIS Göteborg	Schweden	1954	1955
Fram Larvik	Norwegen	1950	1951
Ilves-Kissat Tampere	Finnland	1950	1951
KB Kopenhagen	Dänemark	1950	1951
Freidig	Norwegen	1948	1949
Helsingsborg IF	Schweden	1934	1935

• ARSCHKARTE • 199

Was man als Schiedsrichter wirklich nicht will: die gelbe mit der roten Karte verwechseln. Also tragen die meisten Schiedsrichter die gelbe Karte in der Brusttasche, die viel seltener benutzte rote Karte führen sie hingegen in der Gesäßtasche mit sich. In einer Zeit, die sehr weit zurückzuliegen scheint, verfolgten die meisten Menschen Fußballspiele auf einem Schwarz-Weiß-Fernseher; es war sehr schwierig auf diesen Fernsehern die Farbe der Karten zu unterscheiden, doch sah man durchaus, woher der Schiedsrichter die Karte holte. Bekanntermaßen wird das Gesäß umgangssprachlich auch Arsch genannt, es entwickelte sich folgerichtig die Redewendung: die Arschkarte ziehen. Dieser Ausdruck legte eine hübsche Karriere hin und schaffte es, die Welt des Fußballs zu verlassen. Ein wenig verschob sich die Bedeutung: Wer sagt, er habe „die Arschkarte gezogen“, der drückt damit aus, dass eine Situation sich nicht unbedingt zu seiner Zufriedenheit gelöst hat (Steigerung: in der Scheiße sitzen). Die klanglich weit schönere Variante „die Gesäßkarte ziehen“ hat sich leider nicht durchgesetzt ....

• ECKFAHNEN • 200

Mit Eckfahnen wird allerlei Schindluder getrieben. Bisweilen nutzen Fußballer sie als Teil einer Jubel-Choreographie. Manchmal nehmen Fußballer die Fahne zwischen die Beine, was sie allerdings damit andeuten wollen, davon sollen sie selbst sprechen. Die wahre Aufgabe einer Eckfahne besteht darin, die Ecken des Spielfeldes zu markieren. Der Deutsche Fußball-Bund bemerkt dazu in etwas sperriger Diktion: „An jeder Ecke (des Spielfeldes) wird eine Fahne an einer Stange, die nicht unter 1,50 m hoch und oben nicht spitz sein darf, angebracht.“ Laut Regel ist um jede Eckfahne ein Viertelkreis mit einem Meter Radius im Spielfeld zu ziehen, in Wirklichkeit sehen diese Kreise aber immer kleiner aus. Vielleicht täuscht das auch ....

201 • FINALE GOLDEN-GOAL-ENTSCHEIDUNGEN •

Die Golden-Goal-Regel trat erstmals bei der Junioren-Weltmeisterschaft 1993 in Australien in Kraft. Die Regel ging so: Stand es nach 90 Minuten unentschieden, wurde eine Verlängerung von zweimal 15 Minuten begonnen. Erzielte jedoch eine Mannschaft in dieser Verlängerung ein Tor, wurde das Spiel sofort beendet, und die Mannschaft, die das Tor erzielt hatte, war Sieger des Spiels. Niemand wollte diese Regel, außer den Funktionären. Es dauerte dennoch bis zum Februar des Jahres 2004, bis der Weltverband Fifa die Regel wieder abschaffte – selbstverständlich ließ sich der Verband für die Abschaffung des von ihm eingeführten Unsinns feiern.

EM 1996 England .... Deutschland vs. Tschechische Republik 2:1

95. Minute Oliver Bierhoff ....

EM 2000 Holland • Belgien .... Frankreich vs. Italien 2:1

103. Minute David Trézeguet ....

Olympia 2000 Turnier der Frauen • Sydney .... Norwegen vs. USA 3:2

112. Minute Dagny Mellgren ....

Uefa-Pokal 2001 Dortmund .... FC Liverpool vs. CD Alavés 5:4

116. Minute Delfi Geli *Eigentor* ....

EM Frauen 2001 Deutschland .... Deutschland vs. Schweden 1:0

98. Minute Claudia Müller ....

Konföderationenpokal 2003 Frankreich .... Frankreich vs. Kamerun 1:0

97. Minute Thierry Henry ....

WM Frauen 2003 USA .... Deutschland vs. Schweden 1:0

98. Minute Nia Künzer ....

202 • DAVID BECKHAM UND DIE AUTOS •

David Beckham mag Autos sehr gern. Immer wieder mal, wenn die Zeit reif zu sein scheint, kauft er sich einen neuen Wagen. Die Zeit scheint eher häufig reif zu sein, einige Anschaffungen der vergangenen Jahre:

Porsche 911 Turbo • Aston Martin Coupé • Mercedes Benz CLK 320 • Lincoln Navigator • Ferrari 360 Modena Spyder • Aston Martin • GMC Yukon 4 x 4 ....

• STERNE AUF DER BRUST IV • 203

Ein italienischer Fußballverein erhält für jeweils zehn Meistertitel einen Stern.

Verein	Sterne	Titel
Juventus Turin	2	28
AC Mailand	1	13

• ENTFERNUNGEN IN KILOMETERN • 204

	B	BI	HB	DO	DU	F	GE	HH	H	KL	K	LEV	MZ	MG	M	N	S	WOB
B	•	380	375	494	544	564	515	279	258	653	553	562	574	587	596	426	631	227
BI	514	•	180	115	166	275	137	260	115	426	190	184	347	209	600	425	560	195
HB	375	180	•	234	263	450	015	110	118	548	315	302	470	313	766	590	645	192
DO	494	115	234	•	055	263	240	345	210	328	085	083	250	094	655	483	455	295
DU	544	166	263	055	•	249	032	374	264	304	068	055	238	052	632	465	424	346
F	564	275	450	263	249	•	247	509	362	116	185	196	042	256	412	235	200	369
GE	515	137	015	240	032	247	•	349	233	319	082	070	252	074	631	465	438	316
HH	279	260	110	345	374	509	349	•	154	602	331	411	523	422	772	616	668	221
H	258	115	118	210	264	362	233	154	•	457	295	282	378	306	647	476	526	088
KL	653	426	548	328	304	116	319	602	457	•	240	254	078	281	405	299	193	480
K	553	190	315	085	068	185	082	331	295	240	•	014	180	061	573	415	367	372
LEV	562	184	302	083	055	196	070	411	282	254	014	•	185	065	579	412	371	363
MZ	574	347	470	250	238	042	252	523	378	078	180	185	•	238	425	259	205	398
MG	587	209	313	094	052	256	074	422	306	281	061	065	238	•	624	473	411	389
M	596	600	766	655	632	412	631	772	647	405	573	579	425	624	•	162	210	599
N	426	425	590	483	465	235	465	616	476	299	415	412	259	473	162	•	208	451
S	631	560	645	455	424	200	438	668	526	193	367	371	205	411	210	208	•	543
WOB	227	195	192	295	346	369	316	221	088	480	372	363	398	389	599	451	543	•

B = Berlin • BI = Bielefeld • HB = Bremen • DO = Dortmund • DU = Duisburg • F = Frankfurt • GE = Gelsenkirchen • HH = Hamburg • H = Hannover • KL = Kaiserslautern • K = Köln • LEV = Leverkusen • MZ = Mainz • MG = M'gladbach • M = München • N = Nürnberg • S = Stuttgart • WOB = Wolfsburg

205 • SIE TRAFEN UND ES NÜTZTE NICHTS •

Nichts Größeres gibt es im Fußball, als im Finale einer WM ein Tor zu erzielen und zu gewinnen. Kinder träumen davon, manche Erwachsene auch. Doch es gibt auch die Spieler, denen ein Tor im Finale gelang, das sie bejubelten, und die am Ende als Verlierer den Platz verließen.

1930 Carlos Peucelle, Guillermo Stabile **Argentinien vs. Uruguay** 2:4
1934 Antonin Puc **Tschechoslowakei vs. Italien** 1:2
1938 Pal Titkos, Dr. György Sárosi **Ungarn vs. Italien** 2:4
1950 kein Endspiel, Titel wurde in einer Gruppen-Endrunde vergeben ....
1954 Ferenc Puskás, Zoltan Czibor **Ungarn vs. Deutschland** 2:3
1958 Nils Liedholm, Agne Simonsson **Schweden vs. Brasilien** 2:5
1962 Josef Masopust **Tschechoslowakei vs. Brasilien** 1:3
1966 Helmut Haller, Wolfgang Weber **Deutschland vs. England** 2:4
1970 Roberto Boninsegna **Italien vs. Brasilien** 1:4
1974 Johan Neeskens **Niederlande vs. Deutschland** 1:2
1978 Dick Nanninga **Niederlande vs. Argentinien** 1:3
1982 Paul Breitner **Deutschland vs. Italien** 1:3
1986 Karl-Heinz Rummenigge, Rudi Völler **Deutschland vs. Argentinien** 2:3
1994 Demetrio Albertini, Alberigo Evani **Italien vs. Brasilien** * 2:3

*** Im Elfmeterschießen • 1990 *Argentinien verlor 0:1 gegen Deutschland* • 1998 *Brasilien verlor 0:3 gegen Frankreich* • 2002 *Deutschland verlor 0:2 gegen Brasilien.***

206 • LA OLA – DIE WELLE •

Sozialpsychologisches Phänomen in Fußballstadien, seit 1986 (WM in Mexiko) weltweit bekannt.

Richtung .... **Im Uhrzeigersinn**
Geschwindigkeit .... **Meter/Sekunde** 12
Zurückgelegte Distanz .... **Sitze/Sekunde** 20
Breite .... **Meter** 6–12
Mindestgröße der Erzeugergruppe .... **Zuschauer** 25–30

5. April 1902 Ibrox Park, Glasgow, Schottland • Schottland vs. England • Westtribüne bricht zusammen • 25 Tote, 517 Verletzte ....

9. März 1946 Burden Park, Bolton, England • Bolton Wanderers vs. Stoke City • Umfassungsmauer fällt um, Panik bricht aus • 33 Tote, mehr als 400 Verletzte ....

6. November 1955 Stadio San Paolo, Neapel, Italien • SSC Neapel vs. FC Bologna • Bologna wird ein Strafstoß zugesprochen, Unruhen brechen aus • 152 Verletzte ....

21. September 1962 Libreville, Gabun • Gabun vs. Kongo-Brazzaville • Ein Erdrutsch trifft das Stadion • neun Tote, 30 Verletzte ....

24. Mai 1964 Nationalstadion, Lima, Peru • Peru vs. Argentinien (Olympia-Mannschaften) • Zwei Minuten vor Schluss gibt der Schiedsrichter Perus Ausgleichstor nicht, Unruhen brechen aus • 318 Tote, mehr als 500 Verletzte ....

23. Juni 1968 Estadio Monumental, Buenos Aires, Argentinien • River Plate vs. Boca Juniors • Bei Spielende werfen Boca-Fans brennendes Papier von den oberen Rängen, Panik bricht aus • 74 Tote, 150 Verletzte ....

2. Januar 1971 Ibrox Park, Glasgow, Schottland • Celtic Glasgow vs. Glasgow Rangers • Fans, die früher gegangen waren, versuchen auf die Ränge zurückzukommen, als sie hören, dass die Rangers ausgeglichen haben, eine Stahlbarriere bricht • 66 Tote, mehr als 140 Verletzte ....

6. Dezember 1976 Port-au-Prince, Haiti • Haiti vs. Kuba • Kuba gleicht aus, Fans zünden Feuerwerkskörper. Andere Fans glauben, es sei Maschinengewehrfeuer, in der Panik wird ein Soldat zu Boden geworfen, dessen Maschinenpistole tatsächlich losgeht • sechs Tote, unbekannte Zahl an Verletzten ....

11. Mai 1985 Valley Parade Stadium, Bradford, England • Bradford City vs. Lincoln City • Eine Zigarette, nicht ganz ausgedrückt in einem Plastikbecher, der unter die hölzerne Haupttribüne geworfen wurde, verursacht einen Großbrand • 56 Tote, hunderte Verletzte ....

29. Mai 1985 Heysel-Stadion, Brüssel, Belgien • **FC Liverpool vs. Juventus Turin (Finale Europapokal der Landesmeister)** • Englische Fans stürmen Block mit italienischen Fans, Panik bricht aus • 39 Tote, mehr als 450 Verletzte ....
15. April 1989 Hillsborough Stadium, Sheffield, England • **Nottingham Forest vs. FC Liverpool (Halbfinale FA-Cup)** • Fans versuchen, sich auf eine bereits überfüllte Tribüne zu drängen, Menschen werden gegen die Begrenzungszäune gequetscht • 95 Tote, mehr als 200 Verletzte.

208 • ES GIBT KEINE KLEINEN MEHR XI •

Pakistan Versuchte sich in der WM-Qualifikation 1994 und 1998. 0 Siege, 17 Niederlagen, 1 Unentschieden. Torverhältnis 10:87 .....

209 • MÄNNER IHRER FRAUEN •

David Beckham	Stets zu wenig verdienender Ehemann der Beschwerdeführerin ***Victoria*** ....
Stefan Effenberg	Ehemals Ehemann seiner ehemaligen Managerin ***Martina*** ....
Thomas Häßler	Ehemals Ehemann seiner ehemaligen Managerin ***Angela*** ....
Bodo Illgner	Ehemann seiner Managerin ***Bianca*** ....
Valdas Ivanauskas ...	Ehemann von ***Beatrice***, die stets wusste, zu welchem Klub er wollte ....
Bernd Schuster	Ehemann seiner Managerin ***Gaby*** ....
Uwe Seeler	Ehemann von ***Ilka***, die sich zu Hause um die Sache mit den Zahlen kümmert ....
Fritz Walter	Ehemann von ***Italia***, die Managerin genannt worden wäre, wenn man Frauen damals schon so genannt hätte ....

• DIE ZDF-TORWAND • 210

Erstmals auf Sendung am 5. September 1966 • Material Sperrholz, zwei Löcher, je 55 Zentimeter Durchmesser • Erfinder Werner Schneider • Schussentfernung 7 Meter • Schüsse 3 unten, 3 oben • Rekordschützen:

Günter Netzer 18. Mai 1974 • Borussia Mönchengladbach .... Treffer 5
Günter Hermann 7. Mai 1988 • SV Werder Bremen .... Treffer 5
Reinhard Saftig 12. Oktober 1991 • Bayer 04 Leverkusen .... Treffer 5
Matthias Becker 26. März 1994 • Eintracht Frankfurt .... Treffer 5
Rolf Fringer 16. September 1995 • VfB Stuttgart .... Treffer 5
Frank Pagelsdorf 21. August 1999 • Hamburger SV .... Treffer 5
Frank Rost 11. Dezember 1999 • SV Werder Bremen .... Treffer 5

• YOU'LL NEVER WALK ALONE • 211

Das Lied wurde 1945 von Richard Rodgers (Komposition) und Richard Hammerstein (Text) für das Musical „Carousel" verfasst. In den Sechzigerjahren landeten Gerry And The Pacemakers mit ihrer Version einen Hit. Bald sang die legendäre Fantribüne des FC Liverpool, genannt „The Kop", das Lied vor jedem Heimspiel. Es wurde zur berühmtesten Fußballhymne. Seit Erscheinen haben es unzählige Interpreten gesungen, von denen einige mehr, andere weniger bekannt sind.

Frank Sinatra 1945 • Louis Armstrong 1956 • Perry Como 1956 • Judy Garland 1956 • Nina Simone 1957 • Shirley Bassey 1962 • The Original Five Blind Boys Of Alabama 1963 • Gerry And The Pacemakers 1963 • Ray Charles 1963 • Chet Atkins 1967 • Glen Campbell 1970 • Elvis Presley 1971 • Pink Floyd 1971 • Billy Preston 1973 • Richard Clayderman 1977 • Eddie, The Shipboard Computer 1978 • Holly Johnson & The Lightning Seeds 1985 • Aretha Franklin 1987 • Olivia Newton-John 1989 • Patti La Belle 1992 • Barry Manilow 1993 • Mario Lanza 1993 • Die Toten Hosen 1996 • Placido Domingo, Luciano Pavarotti, José Carreras 1998 • Gay Men's Chorus Of Los Angeles 1998 • Bela B. & The Tiki Wolves 2002 • Johnny Cash (2004 posthum veröffentlicht) ....

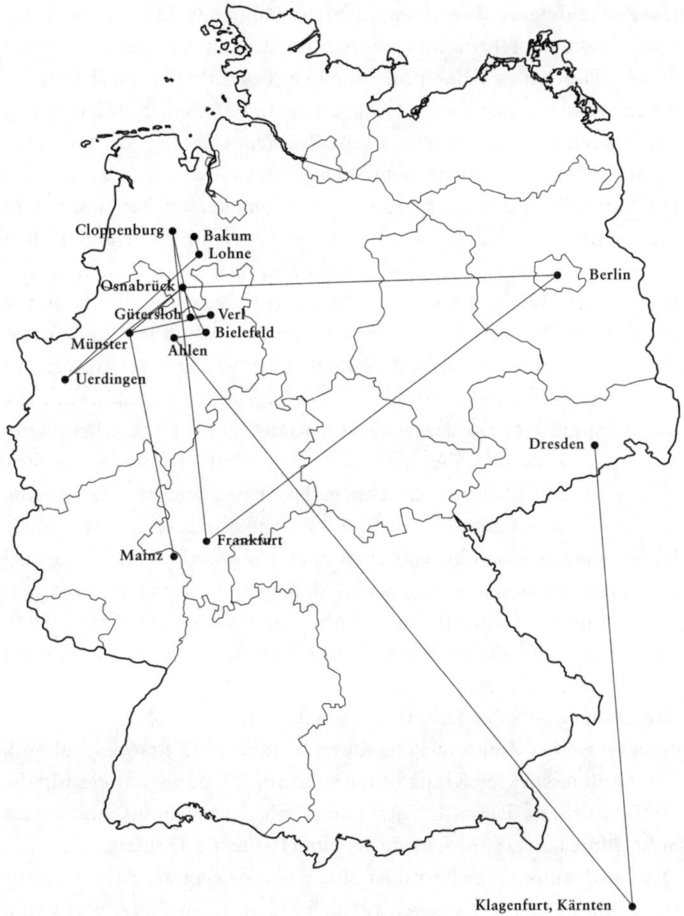

Die vielen Vereine des Fußballprofis Ansgar Brinkmann, geboren am 5. Juli 1969.

Die Beckenbauers Wegen des außergewöhnlichen Talents von Vater Franz ruhte die Hoffnung einer Nation auf den Schultern von Sohn Stefan. Der hat es jedoch nie zu einem beachtlichen Fußballer gebracht. Als er einst vom FC Bayern zum Münchner Lokalrivalen 1860 wechselte, beschrieb er sein Problem mit den Worten: „Ich kann meinen Vater nicht mehr sehen." ....
Die Maldinis Vater Cesare, ehemals Nationalspieler, hat Sohn Paolo nicht nur beim AC Mailand, sondern auch in der italienischen Auswahl über den Platz jagen dürfen ....
Die Cruyffs Wie gut war eigentlich Jordi? Besser wohl als Stefan B., aber nie gut genug, um glücklich mit dem Fußball zu werden. Vater Johan war als Vorbild einfach zu groß. Vater Johan war auf dem Platz einfach großartig ....
Die Toppmöllers Die Karriere von Klaus' Sohn Dino wurde vom Vater gefördert, was aber auch nicht weiterhalf. Dinos Fähigkeiten sind als bescheiden zu bezeichnen. Die Familienehre rettete seine Schwester, die es zum Nacktmodell brachte ....
Die Rehhagels Als Sohn Jens einst in einem unterklassigen Ligaspiel vom Platz verwiesen wurde, brüllte ihm der Schiedsrichter hinterher: „Und schönen Gruß an ihren Vater, Herr Rehhagel!" Der Vater, dies sei der Vollständigkeit halber angemerkt, trägt den Vornamen Otto ....
Die Davydovs Sohn Dimitri (22) und Vater Anatoli (43) spielten gemeinsam bei Zenit St. Petersburg im Jahr 1997 Erstliga-Fußball.
Die Sammers Vater Klaus brachte es auf 17 Länderspiele für die DDR, Europas Fußballer des Jahres wurde allerdings später sein Sohn Matthias (1996) – beide arbeiten heute als Trainer ....
Die Cullmanns Vater Bernd ist eine Kölner Legende, Sohn Carsten steht heute (2005) bisweilen für den FC auf dem Platz, was kaum jemandem auffällt, weder positiv, noch negativ ....
Die Hallers Mit dem Ball, den Jürgen Haller als Fünfjähriger von

seinem Vater Helmut erhielt – immerhin die Kugel, die 1966 im WM-Endspiel über den Rasen von Wembley rollte –, begann eine unglückliche Laufbahn, die in einer erfolglosen Saison beim Kurzzeit-Bundesligisten Blau-Weiß 90 Berlin eine Art Höhepunkt fand ....
Die Hochstätters Vater Christian absolvierte 339 Bundesliga-Spiele und erzielte 55 Tore. Er ist zudem der Neffe von Helmut Haller. Sein Sohn, Christian jr., spielt in der Jugend von Borussia Mönchengladbach. Wo das wohl hinführt? ....
Im weiteren Kreis Die Seelers, die Dörfels, die Chapuisats, die Chas.

214 • DAS TIER IM WAPPEN •

Ein Wappen ist ein Zeichen für eine Person/Personengruppe (Familienwappen), eine Zunft (Zunftwappen), eine Stadt (Stadtwappen), ein Land (Landeswappen) und eben einen Verein (Vereinswappen). Erforscht werden Wappen in der Heraldik.

Bayer 04 Leverkusen .... Löwe
1. FC Köln .... Geißbock
MSV Duisburg .... Zebra
Eintracht Frankfurt .... Adler
SC Freiburg .... Adler
TSV 1860 München .... Löwe
Preußen Münster .... Adler
1. FC Saarbrücken .... Löwe
Eintracht Braunschweig .... Löwe
FC Chemnitz .... Löwe

Die Spieler der KSV Holstein Kiel werden zwar Störche genannt, der Verein führt dennoch keinen Storch im Wappen. Die Benennung folgt der traditionellen Spielkleidung des Klubs, zu der neben weißen Hosen rote Stutzen gehören. Böse Menschen behaupten gern, die Kieler hießen Störche, weil sie so wenig elegant über die Plätze staksen, aber da ist überhaupt nichts dran.

• DIE ÄLTESTEN KLUBS VORARLBERGS • 215

Der Vorarlberger Fußballverband wurde am 4. Juli 1920 um 9.30 Uhr im Hotel Rhomberg in Dornbirn gegründet.

FC Lustenau 07 .... **Gründungsjahr** 1907
FC Dornbirn .... **Gründungsjahr** 1913
Austria Lustenau .... **Gründungsjahr** 1914
Turnerbund Dornbirn .... **Gründungsjahr** 1915
FC Bregenz .... **Gründungsjahr** 1919
FC Bludenz .... **Gründungsjahr** 1919
Jahn Lustenau .... **Gründungsjahr** 1919

• DIE HÖCHSTEN SIEGE BEI WM-TURNIEREN • 216

WM 1982 Spanien .... **Ungarn vs. El Salvador** 10:1
15. Juni in Elche *Weltmeister* Italien ....
WM 1954 Schweiz .... **Ungarn vs. Südkorea** 9:0
17. Juni in Zürich *Weltmeister* Deutschland ....
WM 1974 Deutschland .... **Jugoslawien vs. Zaire** 9:0
18. Juni in Gelsenkirchen *Weltmeister* Deutschland ....
WM 1938 Frankreich .... **Schweden vs. Kuba** 8:0
12. Juni in Antibes *Weltmeister* Italien ....
WM 1950 Brasilien .... **Uruguay vs. Bolivien** 8:0
2. Juli in Mineiro *Weltmeister* Uruguay ....
WM 2002 Japan • Südkorea .... **Deutschland vs. Saudi-Arabien** 8:0
1. Juni in Sapporo *Weltmeister* Brasilien ....

• REGELKUNDE X • 217

Offizielle Fifa-Regeln, aus Regel 9 (Ball in und aus dem Spiel).

Der Ball ist aus dem Spiel, wenn er auf dem Boden oder in der Luft vollständig die Tor- oder Seitenlinie überschritten hat oder das Spiel vom Schiedsrichter unterbrochen worden ist ....

218 • FUSSBALL UND MUSIK IV •

Zur Melodie von „Living Next Door To Alice“ (Smokie). Zu hören auf den Tribünen von Old Trafford, Manchester United – gewidmet dem Lokalrivalen Manchester City.

„Twenty-four years just waiting for a chance – To win a major trophy – Give silverware a glance – Just for twenty-four years we've been living next door to City – City, who the f**k are City?“

219 • DER POKAL FÜR DEN WELTMEISTER •

Von 1930 an wurde der Coupe Jules Rimet vergeben. Ausgelobt war: Wer ihn dreimal gewinnt, darf ihn behalten. Das gelang 1970 Brasilien (nach 1958 und 1962). Seit 1974 wird ein neuer Pokal vergeben, den niemand behalten darf, ganz gleich, wie oft er Weltmeister wird. Der Fuß dieses Pokals ist umgeben von zwei Ringen aus Malachit, einem Halbedelstein, und bietet Platz für 17 Plaketten mit den Namen der Länder, die den Titel gewonnen haben. Platz genug ist auf dem Fuß noch bis zum Jahr 2038 ....

220 • EINIGE BEINAMEN TÜRKISCHER KLUBS •

Antalyaspor *Kızıl Akrep(ler)* .... Rote(r) Skorpion(e)
Bursaspor *Yeşil Timsahlar* .... Grüne Krokodile
Denizlispor *Horozlar* .... Hähne
Fenerbahçe İstanbul *Sarı Kanaryalar* .... Gelbe Kanarienvögel
Fethiyespor *Apaçiler* .... Apachen
Galatasaray İstanbul *Çim Bom/Aslan(lar)* .... Tschim Bom/Löwe(n)
Gaziantepspor *Kırmızı Şahinler* .... Rote Falken
Mersin İdmanyurdu *Kırmızı Şeytanlar* .... Rote Teufel
Sariyer *Beyaz Martılar* .... Weiße Möwen
Trabzonspor *Karadeniz Firtinası* .... Schwarzmeer-Orkan
Vanspor *Canavarlar* .... Drachen
Vestel Manisa *Tarzanlar* .... Tarzans

Name	auch bekannt als
SV Motor Altenburg	Stahl Altenburg • ZSG Altenburg ....
FC Erzgebirge Aue	Wismut Aue ....
SG Fortuna Babelsberg	Rotation Babelsberg ....
1. FC Union Berlin	Motor Oberschöneweide • Union Ober-
....	schöneweide ....
FC Vorwärts Berlin	....
Bischofswerdaer FV 08	Fortschritt Bischofswerda ....
BSG Chemie Böhlen	später FSV Böhlen • fusionierte 1990 mit
....	Grün-Weiß Leipzig zu FC Sachsen Leipzig
FC Stahl Brandenburg	BSV Brandenburg • Stahl Brandenburg ...
FSV Glückauf Brieske-Senftenberg	Aktivist Brieske-Senftenberg • Aktivist
....	Brieske-Ost • Franz Mehring Marga .....
Chemnitzer FC	FC Karl-Marx-Stadt • SC Karl-Marx-Stadt
....	• Motor Karl-Marx-Stadt ....
FC Energie Cottbus	BSG Energie Cottbus ....
SV Anhalt Dessau	Motor Dessau • Waggonfabrik Dessau ...
1. FC Dynamo Dresden	SG Dynamo Dresden • SG DVP Dresden
Dresdner SC Fußball 98	Einheit Dresden • Rotation Dresden •
....	Sachsenverlag Dresden ....
SG Dresden-Friedrichstadt	....
Eisenhüttenstädter FC Stahl	Stahl Eisenhüttenstadt ....
FC Rot-Weiß Erfurt	Turbine Erfurt • KWU Erfurt ....
Frankfurter FC Viktoria 91	Vorwärts Frankfurt ....
1. SV Gera	Wismut Gera • Motor Gera • BSG Gera-
....	Süd ....
Hallescher FC	Hallescher FC Chemie • Chemie Halle •
....	Turbine Halle • ZSG Union Halle ....
FC Carl Zeiss Jena	Motor Jena ....
Lauterer SV Viktoria	Empor Lauter ....
FC Sachsen Leipzig	Fusion: GW Leipzig/FSV Böhlen (1990)

Name	auch bekannt als
BSG Chemie Leipzig	später Grün-Weiß Leipzig • fusionierte 1990 mit FSV Böhlen zu FC Sachsen Leipzig • früher ZSG Industrie Leipzig
SC Rotation Leipzig	aufgelöst • früher Einheit-Ost Leipzig
VfB Leipzig	Lokomotive Leipzig • SC Leipzig
SK Vorwärts Leipzig	
SV Lichtenberg 47	
1. FC Magdeburg	SC Magdeburg • Aufbau Magdeburg
Meeraner SV	Fortschritt Meerane • Einheit Meerane
SV Merseburg 99	Chemie Buna-Schkopau
FC Neubrandenburg	SC Neubrandenburg
BSG Einheit Pankow	fusionierte 1990 mit VfB Pankow zu VfB Einheit zu Pankow
VfB Pankow	fusionierte 1990 mit Einheit Pankow zu VfB Einheit zu Pankow
FC Stahl Riesa 98	Stahl Riesa
FC Hansa Rostock	Empor Rostock
Schweriner SC	Vorwärts Schwerin
SV 08 Steinach	Motor Steinach
FSV Lok Altmark Stendal	Lokomotive Stendal • Hans Wendler Stendal • Eintracht Stendal
FC Pommern Stralsund	Vorwärts Stralsund
1. Suhler SV	Motor Suhl
SV Stahl Thale	BSG Stahl Thale • EHW Thale
SC Weimar 03	Turbine Weimar
1. SC Weißenfels	Fortschritt Weißenfels
FC Anker Wismar	ZSG Anker Wismar • Motor Wismar
1. FC Zeitz	Chemie Zeitz
FSV Zwickau	Sachsenring Zwickau • Motor Zwickau • Horch Zwickau

Opfer Roberto Boninsegna, Inter Mailand .... 20. Oktober 1971
Begegnung Borussia M'gladbach vs. Inter Mailand .... 7:1 • später annulliert
Wurfgeschoss .... Getränkedose

•••

Opfer Oliver Kahn, FC Bayern München .... 12. April 2000
Begegnung SC Freiburg vs. FC Bayern München 1:2
Wurfgeschoss .... Golfball

•••

Opfer Wie durch ein Wunder keine .... 6. Mai 2001
Begegnung Inter Mailand vs. Atalanta Bergamo 3:0
Wurfgeschoss .... Brennende Vespa • von Oberrang auf Unterrang

•••

Opfer Luis Figo, Real Madrid .... 23. November 2002
Begegnung FC Barcelona vs. Real Madrid 0:0
Wurfgeschoss .... Spanferkel-Kopf

•••

Opfer Taoufik Oueslati, Linienrichter .... 24. November 2002
Begegnung Tonnerre Yaounde vs. JS Kabylie 1:0
Wurfgeschoss .... Feuerwerksrakete

•••

Opfer Jesús Téllez Sánchez, Schiedsrichter .... 7. Oktober 2003
Begegnung CD Castellón vs. FC Valencia ... beim Stand von 1:1 abgebrochen
Wurfgeschoss .... Handy-Akku

•••

Opfer Wolfgang Wolf, Trainer 1. FC Nürnberg .... 24. November 2003
Begegnung Alemannia Aachen vs. 1. FC Nürnberg ..... 1:0 • nicht gewertet
Wurfgeschoss .... Gefüllter Bierbecher

•••

Opfer Keine .... 3. September 2004
Begegnung SV Wilhelmshaven vs. Kickers Emden 1:2
Wurfgeschoss .... Vorhängeschloss, 5 cm lang, 2 cm breit

Opfer Anders Frisk, Schiedsrichter .... 15. September 2004
Begegnung AS Rom vs. Dynamo Kiew .... abgebrochen • 0:3 gewertet
Wurfgeschoss .... Münze

•••

Opfer Dida, AC Mailand .... 12. April 2005
Begegnung Inter Mailand vs. AC Mailand beim Stand von 0:1 abgebrochen
Wurfgeschoss .... Petarde (Eisenbehälter, mit Schwarzpulver gefüllt)

223 • SCHRAUBSTOLLEN •

Bei der WM 1954 trugen die Spieler der deutschen Nationalmannschaft erstmals in einem großen Turnier Schuhe, deren Stollen nicht genagelt, sondern geschraubt wurden. Sie konnten also die Stollenlänge dem jeweiligen Wetter anpassen. Die Firmen Adidas und Puma konkurrieren heute um den Ruhm, die Schraubstollen auf den Markt gebracht zu haben. Puma will schon Monate vor der WM für eigene Schraubstollenschuhe geworben haben, die auch bereits von Spitzenspielern getragen worden seien. Die Schuhe der Nationalspieler hatte jedoch Adolf Dassler, der Gründer von Adidas, entworfen. Manfred Bok aus Mengen, damals 24 Jahre alt, fertigte die Stollen im Auftrag Dasslers aus Aluminium. Er feilte die Stollen so spitz und schmal zu, wie es im Reglement gerade noch erlaubt war. Heute wären die Stollen, mit denen Deutschland 1954 Weltmeister wurde, wegen Verletzungsgefahr verboten. Es sind folgende Maße üblich: ....

Weiche Oberflächen Zwei Stollen à 16 mm (hinten) und vier Stollen à 13 mm (vorne) oder sechs Stollen à 16 mm Länge ....
Kunstrasen Zwei Stollen à 16 mm und vier Stollen à 13 mm oder sechs Stollen à 13 mm Länge ....
Harte Oberflächen Sechs Stollen à 13 mm ....
Tiefe Oberflächen Sechs Stollen à 17 mm ....

ABSEITSREGELN 224

Ein Spieler befindet sich in einer Abseitsstellung, wenn er im Moment des Abspiels vom Mitspieler der gegnerischen Torlinie näher ist als der Ball und der letzte Verteidiger. Ein Spieler befindet sich nicht in einer Abseitsstellung, wenn er sich im Moment des Abspiels in der eigenen Spielfeldhälfte oder auf gleicher Höhe mit dem letzten Verteidiger befindet. Ein Spieler wird nur dann für seine Abseitsstellung bestraft, wenn er nach Ansicht des Schiedsrichters aktiv am Spielgeschehen teilnimmt. Das tut der Spieler, indem er ins Spiel eingreift, einen Gegner beeinflusst oder aus seiner Stellung einen Vorteil zieht.

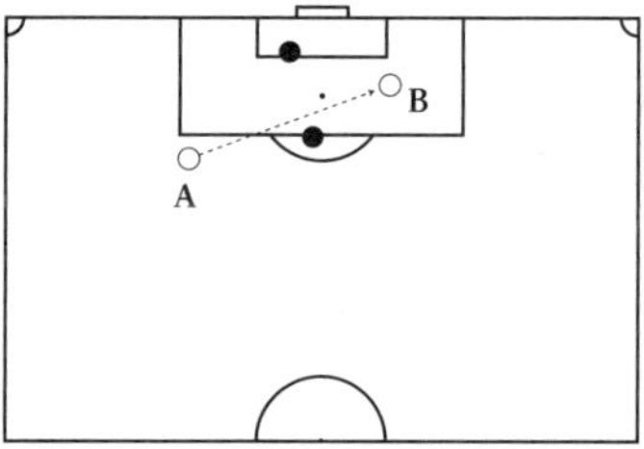

Abseits: B ist der gegnerischen Torlinie näher als der letzte Verteidiger.

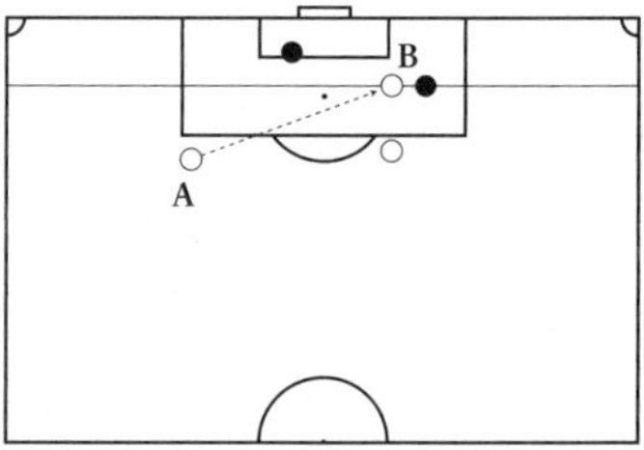

Kein Abseits: B befindet sich mit dem letzten Verteidiger auf gleicher Höhe.

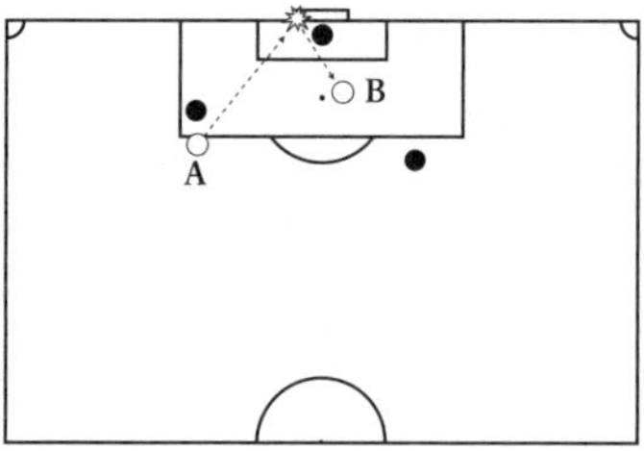

Abseits: A trifft den Pfosten. B nimmt den Abpraller im Abseits auf und greift damit aktiv ins Spielgeschehen ein.

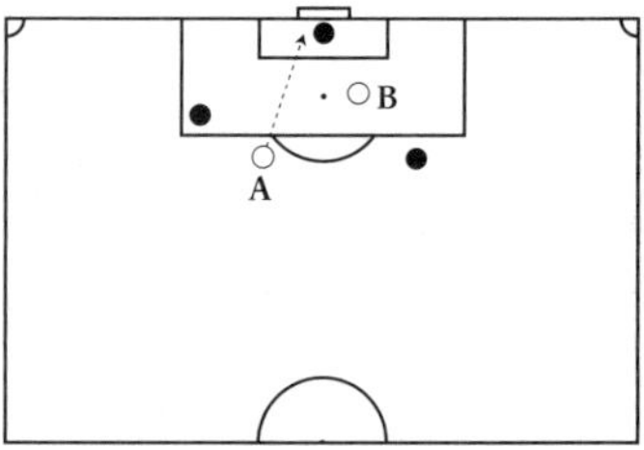

Kein Abseits: A erzielt ein Tor. B befindet sich zwar im Abseits, greift aber nicht aktiv ins Spielgeschehen ein.

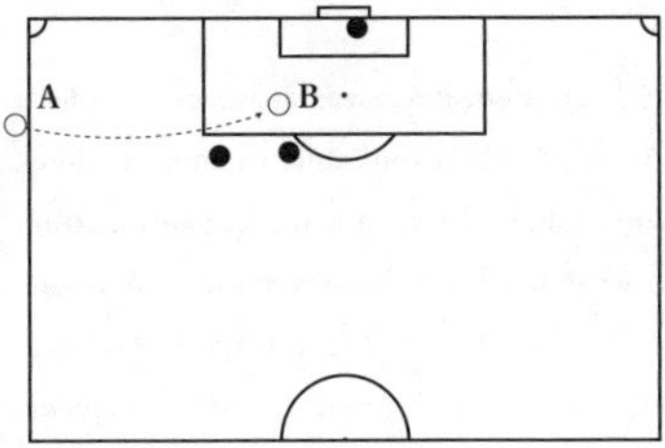

Kein Abseits: Regel gilt bei Einwurf nicht.

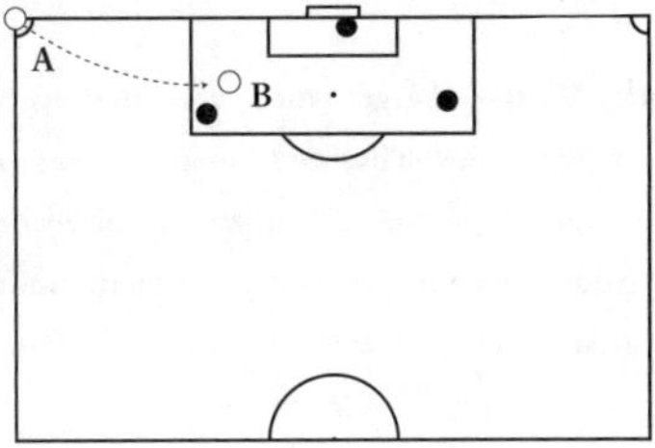

Kein Abseits: Regel gilt bei Eckstoß nicht.

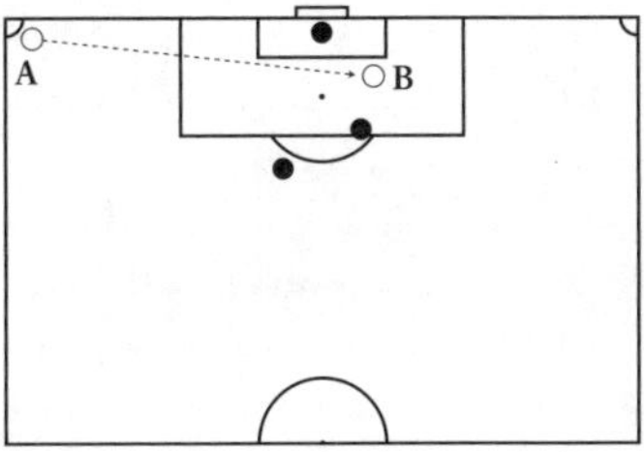

Kein Abseits: Abseits ist aufgehoben, wenn ein Rückpass gespielt wird.

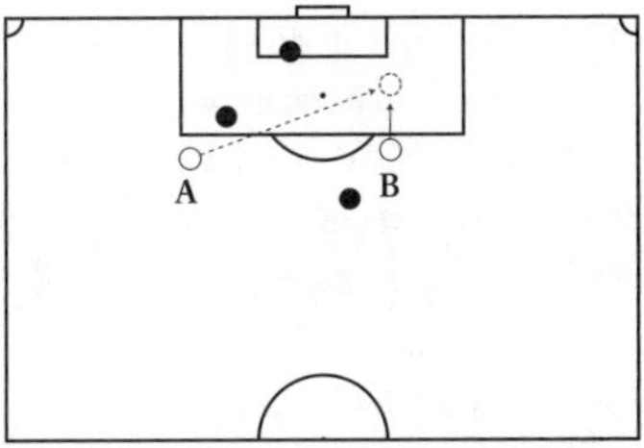

Kein Abseits: B ist im entscheidenden Moment der Ballabgabe nicht im Abseits.

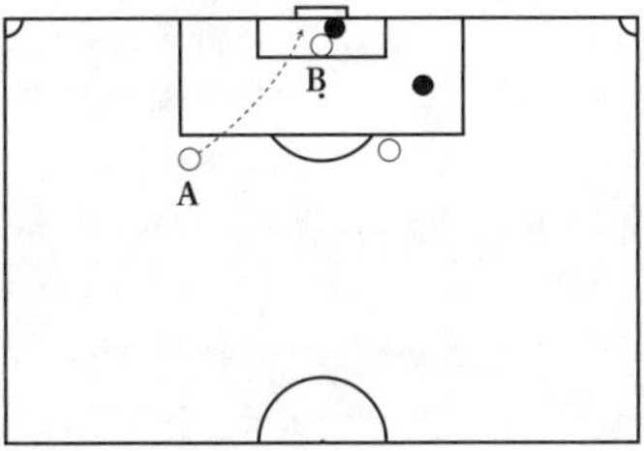

Abseits: A schießt ein Tor. B greift – in Abseitsstellung – ins Spielgeschehen ein: Er versperrt dem Torhüter die Sicht.

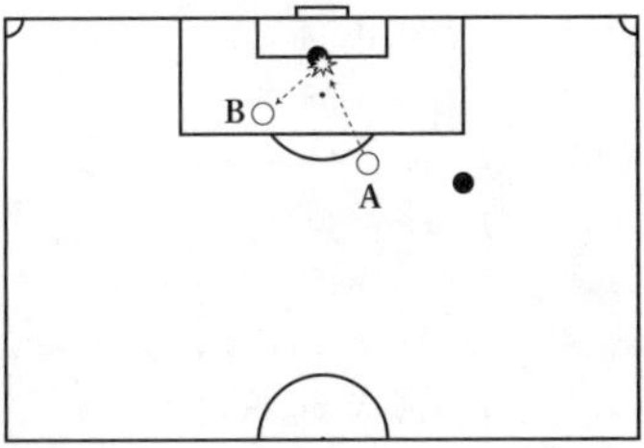

Abseits: A schießt, der Torwart wehrt ab. B nimmt den Abpraller im Abseits auf und greift damit ins Spielgeschehen ein.

WELTPOKALSIEGER

Der Weltpokalsieger wurde von 1960 bis 2004 ermittelt, und zwar zwischen dem Gewinner der europäischen Champions League (bzw. des Europapokals der Landesmeister) und dem Gewinner der südamerikanischen Copa Libertadores. Am 12. Dezember 2004 wurde er zum letzten Mal ausgespielt, künftig wird der Weltpokal durch die Klub-Weltmeisterschaft ersetzt.

Jahr	Gewinner	Endstand	Gegner
2004	FC Porto	8:7 n.E.	Once Caldas
2003	Boca Juniors, Buenos Aires	4:2 n.E.	AC Mailand
2002	Real Madrid	2:0	Olimpia Asunción
2001	FC Bayern München	1:0 n.V.	River Plate, Buenos Aires
2000	Boca Juniors, Buenos Aires	2:1	Real Madrid
1999	Manchester United	1:0	Palmeiras São Paulo
1998	Real Madrid	2:1	CR Vasco da Gama
1997	Borussia Dortmund	2:0	Cruzeiro Belo Horizonte
1996	Juventus Turin	1:0	River Plate, Buenos Aires
1995	Ajax Amsterdam	4:3 n.E	Gremio Porto Alegre
1994	Vélez Sarsfield	2:0	AC Mailand
1993	FC São Paulo	3:2	AC Mailand
1992	FC São Paulo	2:1	FC Barcelona
1991	Roter Stern Belgrad	3:0	Deportivo Colo-Colo
1990	AC Mailand	3:0	Olimpia Asunción
1989	AC Mailand	1:0 n.V.	Nacional Medellin
1988	Nacional Montevideo	7:6 n.E.	PSV Eindhoven
1987	FC Porto	2:1 n.V.	Penarol Montevideo
1986	River Plate, Buenos Aires	1:0	Steaua Bukarest
1985	Juventus Turin	6:4 n.E.	Argentinos Buenos Aires
1984	Independiente Buenos Aires	1:0	FC Liverpool
1983	Gremio Porto Alegre	2:1 n.V.	Hamburger SV
1982	Penarol Montevideo	2:0	Aston Villa
1981	Flamengo Rio de Janeiro	3:0	FC Liverpool
1980	Nacional Montevideo	1:0	Nottingham Forest

1979	Olimpia Asunción	2:1 • 1:0	.... Malmö FF
1978	nicht ausgetragen	....	....
1977	Boca Juniors, Buenos Aires	2:2 • 3:0	Borussia Mönchengladbach
1976	FC Bayern München	2:0 • 0:0	... Cruzeiro Belo Horizonte
1975	nicht ausgetragen	....	....
1974	Atlético Madrid	3:0 • 0:1	Independiente Buenos Aires
1973	Independiente Buenos Aires	1:0	.... Juventus Turin
1972	Ajax Amsterdam	3:0 • 1:1	Independiente Buenos Aires
1971	Nacional Montevideo	2:1 • 1:1	...... Panathinaikos Athen
1970	Feyenoord Rotterdam	1:0 • 2:2	... Estudiantes Buenos Aires
1969	AC Mailand	3:0 • 1:2	... Estudiantes Buenos Aires
1968	Estudiantes Buenos Aires ...	2:0 • 2:1	.... Manchester United
1967	Racing Buenos Aires	0:1 • 1:0 • 2:1	.... Celtic Glasgow
1966	Penarol Montevideo	2:0 • 2:0	.... Real Madrid
1965	Inter Mailand	3:0 • 0:0	Independiente Buenos Aires
1964	Inter Mailand	0:1 • 1:0 • 2:0	Independiente Buenos Aires
1963	FC Santos	4:2 • 2:4 • 1:0	.... AC Mailand
1962	FC Santos	3:2 • 5:2	.... Benfica Lissabon
1961	Penarol Montevideo	0:1 • 2:1 • 5:0	.... Benfica Lissabon
1960	Real Madrid	5:1 • 0:0	.... Penarol Montevideo

226 • DER DOPPELTE SEPP •

In den Neunzigerjahren tauchte im Namen von Joseph Blatter, dem heutigen Präsidenten des Fußball-Weltverbandes Fifa, plötzlich ein „S." auf: Joseph S. Blatter. Es wurde allerorten lange gerätselt, was das „S." wohl zu bedeuten haben könnte, viele rätseln bis zum heutigen Tag. Die Lösung ist so erstaunlich wie einfach: Das „S." steht für Sepp. Da die Kurz- oder Koseform von Joseph ebenfalls Sepp ist, handelt es sich beim Fifa-Präsidenten Joseph S. Blatter um einen doppelten Sepp ....

MANCHE KLUBS VERKAUFEN NÜTZLICHES • 227

Hertha BSC Berlin .... Klingelton Matthias Reim • *Hertha, Hertha, unsere Hertha*
.... Euro 1,99

•••

Arminia Bielefeld .... Brotdose • Plastik
.... Euro 6,95

•••

SV Werder Bremen .... Schultüte • 70 cm mit Filzabschluss
.... Euro 7,95

•••

Hannover 96 .... Pflastermäppchen • zehn Pflaster
.... Euro 3,00

•••

Hamburger SV .... HSV-Reisefön
.... Euro 4,95

•••

1. FC Köln ... Geißbock-Schlückchen • Wildfrucht mit Wodka • Set zu 20 Flaschen
.... Euro 17,99

•••

FSV Mainz 05 .... Armlehnstuhl *Coach* • Kirschbaum massiv
.... Euro 355,00
.... zzgl. Versand Euro 30,00

•••

Borussia Mönchengladbach .... Faulenzermäppchen • Motiv *Fohlen*
.... Euro 1,99

•••

FC Schalke 04 .... 3-tlg. Grill-Besteck in naturfarbenem Baumwollbeutel
.... Euro 17,95

•••

VfB Stuttgart .... Weihnachtskugeln 4er-Set
.... Euro 8.90

•••

228 • WEITE REISE III •

Bisher größte Distanz im Uefa-Cup.

1996/97 .... 4.874 km

CD Teneriffa **Spanien** vs. Maccabi Tel Aviv **Israel** ....

229 • REKORDMEISTER IN KIRGISTAN •

Selmashevets Frunze **ehemals Torpedo Frunze** .... **Titel** 14
Instrumentalshchik Frunze .... **Titel** 8
Stadtauswahl Frunze .... **Titel** 6
Spartak Frunze .... **Titel** 5
Dinamo Frunze .... **Titel** 4
Alga Kalininskoye .... **Titel** 4
Burevestnik Frunze .... **Titel** 3
Regionalauswahl Osh .... **Titel** 1
Regionalauswahl Frunze .... **Titel** 1
SKIF Frunze .... **Titel** 1
Stadtauswahl Mayli-Say .... **Titel** 1
Elektrik Frunze .... **Titel** 1
Tekstilshchik Osh .... **Titel** 1
Stroitel Jalal-Abad .... **Titel** 1

Kirgistan ist eine Gebirgsrepublik in Mittelasien mit rund fünf Millionen Einwohnern. Die größten Städte des Landes sind Bischkek (ehemals Frunze, 766.400 Einwohner), Osh (209.200 Einwohner) und Jalal-Abad (70.900 Einwohner).

230 • BOMBER DER NATION VIII •

Spieler	Land	Ligaspiele	Tore
Arsenio Erico	Argentinien	332	**293**

Independiente Buenos Aires **1934–1946**

CA Huracán **1947**

• STERNE AUF DER BRUST V • 231

Ein Weltmeister erhält pro Titel einen Stern auf dem Trikot.

Nationalmannschaft	Sterne	Weltmeister
Brasilien	5	1958 1962 1970 1994 2002
Deutschland	3	1954 1974 1990
Italien	3	1934 1938 1982
Argentinien	2	1978 1986
Uruguay	2	1930 1950
England	1	1966
Frankreich	1	1998

• NACH FUSSBALLERN BENANNT • 232

Fritz-Walter-Wetter Benannt nach dem Kapitän der deutschen Mannschaft, dem man nachsagte, er spiele bei Regen am besten ....
Fritz-Walter-Rot Spezielles Rot ....
Fritz-Walter-Stadion Stadion des 1. FC Kaiserslautern ....
Seppl-Herberger-Sportanlage (sic) Anlage in Mannheim-Waldhof
Sepp-Herberger-Stadion Stadion in Weinheim (Bergstraße) ....
Sepp-Herberger-Grundschule Schule in Weinheim-Hohensachsen
ICE Sepp Herberger Zug der Deutschen Bahn ....
Max-Morlock-Platz Platz in Nürnberg ....
Keane Bar Bar auf den Kanarischen Inseln, nach Roy Keane ....
Beckham Bar Bar auf den Kanarischen Inseln, nach David Beckham
Rooney Bar Bar auf den Kanarischen Inseln, nach Wayne Rooney
Guiseppe-Meazza-Stadion Mailänder Stadion, benannt nach Guiseppe „Peppino“ Meazza ....
Gerhard-Hanappi-Stadion Stadion des SV Rapid Wien ....
Richard-Hofmann-Stadion Stadion in Meerane (Sachsen), benannt nach einem Meeraner Fußballer ....
Adolf-Jäger-Kampfbahn Arena im Bahrenfelder Klinkermeer, benannt nach Altonas größtem Fußballer ....

Ernst-Happel-Stadion Größtes Stadion in Österreich ....
Karl-Voitl-Park Spielplatz in Wien, benannt nach dem Fußballer Karl Friedrich Voitl (1936–2001) ....
Zidane-Platz Kunstrasenplatz in Ost-Timor zur Entwicklung des Jugendfußballs der Region, nach Zinédine Zidane ....
Bobby Moore Bridge Brücke nahe dem Londoner Wembley Park ...
Eusébio Flugzeug der Fluglinie Tap Air Portugal ....
Bimbo-Binder-Promenade Straße in St. Pölten, benannt nach dem österreichischen Fußballer und Trainer Franz „Bimbo" Binder ......
Matthias-Sindelar-Turnier Fußballturnier im Wiener Bezirk Favoriten, benannt nach dem „Fußballer des Jahrhunderts" in Österreich
Effe-Finger Benannt nach dem Mittelfinger von Stefan Effenberg ...
Den Andi Möller machen Jargon für bereits im Jugendfußball gängige Schwalbentechnik ....
Tante-Käthe-Frisur Benannt nach Rudi Völler ....
Thonträger Mini-Album der Band Sportfreunde Stiller, benannt nach Olaf Thon ....
Ich Roque Rocksong der Band Sportfreunde Stiller, benannt nach Roque Santa Cruz ....
Briegel Garage-Punk-Band, nach Hans-Peter Briegel ....
Bratseth Band, nach Rune Bratseth ....
Edson Band aus Gävle, Schweden, nach dem Vornamen von Pelé (Edson Arantes do Nascimento) ....
Enzo Masudi Sohn des Fußballspielers Alain Masudi, benannt nach Enzo Scifo ....
Bismarck Berliner Nachwuchssänger, nach ghanaischem Fußballer (nicht nach gleichnamigem Reichskanzler) ....
Englische Kevins Nach Kevin Keegan ....
Busby Babes Die junge Mannschaft von Manchester United zwischen 1952 und 1958, benannt nach dem damaligen Erfolgstrainer Sir Matthew Busby ....

Vinnie Jones 1988 • FC Wimbledon **Strafe** Ermahnung **Grund** Drohte, Kenny Dalglish das Ohr abzubeißen und „in das Loch zu spucken".

•••

Roberto Rojas September 1989 • Deportivo Colo-Colo **Strafe** Lebenslange Sperre, zudem wurde Chile von zwei Weltmeisterschaften ausgeschlossen **Grund** Der chilenische Nationaltorwart brach bei einem WM-Qualifikationsspiel in Brasilien blutend zusammen, weil er vorgeblich von einem Wurfgeschoss getroffen worden war. Er hatte sich jedoch selbst einen Schnitt zugefügt ....

•••

Diego Armando Maradona März 1991 • SSC Neapel **Strafe** 15 Monate Sperre **Grund** Drogenmissbrauch ....

•••

Vinnie Jones Januar 1992 • FC Chelsea **Strafe** Euro 2.250 **Grund** Obszöne Gesten, gerichtet an die Fans von Arsenal London ....

•••

Vinnie Jones September 1992 FC Wimbledon **Strafe** Sechs Monate Sperre, Euro 30.000 **Grund** Sein Video „Soccer's Hard Men" bringt den Fußball in Verruf ....

•••

Diego Armando Maradona Juni 1994 • Argentinien **Strafe** Sofortiger Ausschluss vom WM-Turnier **Grund** Ephedrin-Missbrauch ....

•••

Liam Daish Dezember 1994 • Birmingham City **Strafe** Drei Spiele Sperre **Grund** Feierte das Tor zum 4:0 eines Mitspielers gegen Chester mit einer Trompete, die er sich im Fanblock geliehen hatte ....

•••

Eric Cantona Januar 1995 • Manchester United **Strafe** Neun Monate Sperre und eine zweiwöchige Gefängnisstrafe wegen Körperverletzung (später umgewandelt in 120 Tage Sozialdienst) **Grund** Kung-Fu-Kick gegen einen Fan während des Spiels gegen Crystal Palace ......

Vinnie Jones Oktober 1995 • FC Wimbledon **Strafe** Vorladung, Verfahren eingestellt **Grund** Biss in die Nase eines Journalisten ....

•••

Luigi Coluccio November 1995 • FC Gioisa Jonica, Italien (Serie C) **Strafe** Ein Spiel Sperre **Grund** Rote Karte im Spiel gegen FC Bocal **Besonderheit** Coluccio war fünf Tage nach der roten Karte und neun Tage vor der zur Sperre führenden Verhandlung vor seiner Bar erschossen worden; gesperrt wurde also ein Toter ....

•••

Stan Collymore Februar 2000 • Leicester City **Strafe** Zwei Wochen Sperre **Grund** Spritzte während des Trainingslagers im spanischen Ferien-Resort La Manga mit einem Feuerlöscher herum ....

•••

Edgar Davids April 2001 • Juventus Turin **Strafe** Fünf Monate Sperre, Euro 50.000 **Grund** Einnahme des Dopingmittels Nandrolon ....

•••

Claudio Caniggia Juni 2002 • Argentinien **Strafe** Zwei Spiele Sperre **Grund** Rote Karte im WM-Spiel gegen Schweden (1:1) wegen Nörgelns (saß dabei auf der Bank) ....

•••

Roy Keane Oktober 2002 • Manchester United **Strafe** Fünf Spiele Sperre, Euro 225.000 **Grund** Seine Autobiografie „Keane", in der er zugibt, ein äußerst schweres Foul an Alf Inge Haaland von Manchester City mit Vorsatz begangen zu haben, bringt den Fußball in Verruf ...

•••

Rio Ferdinand Januar 2004 • Manchester United **Strafe** Acht Monate Sperre, Euro 72.000 **Grund** Hatte Ende September 2003 einen vorher angekündigten Dopingtest verpasst ....

•••

Adrian Mutu Oktober 2004 • FC Chelsea **Strafe** Sieben Monate Sperre **Grund** Einnahme von Kokain ....

• KLEINE LIGA • 234

Auf den Scilly-Inseln (vor Cornwall) bestreiten zwei Klubs in der wohl kleinsten Liga der Welt nicht nur eine Meisterschaft in zwanzig Begegnungen, sie spielen auch zwei verschiedene Pokale aus. Es sind die Woolpack Wanderers und die Garrison Gunners ....

• ABSTÜRZE • 235

4. Mai 1949 Auf dem Rückflug aus Lissabon, wo ein Wohltätigkeitsturnier stattfand, kommt eine Maschine der Alitalia vom Weg ab, streift die Basilica Superga außerhalb Turins und stürzt ab. An Bord: die gesamte Mannschaft des AC Turin, genannt „Il Grande Torino". Keine Überlebenden. Die Jugendmannschaft des Vereins beendet die Saison und sichert den Meistertitel ....
6. Februar 1958 Auf dem Rückflug vom Halbfinalspiel des Europapokals der Pokalsieger in Belgrad (3:3) landet die Mannschaft von Manchester United mit Flug BE 609 in München/Riem um aufzutanken. Beim Start gerät die Maschine in einen Sturm und stürzt ab. Unter den Toten: acht Spieler von Manchester United, 35 Offizielle und Journalisten ....
16. Juli 1960 Kurz nach dem Start am Kopenhagener Flughafen Kastrup verunglückt die Maschine der dänischen Nationalmannschaft. Sie war auf dem Weg zu einem Trainingslager anlässlich der Olympischen Spiele in Rom. Acht Spieler kommen ums Leben ....
3. April 1961 24 Spieler des chilenischen Erstligisten Green Cross Club sind auf dem Weg von Santiago, wo die Play-offs des Chile-Pokals stattfanden, nach Orsono. Ihre Maschine stürzt im Las-Lastimas-Gebirge ab. Keine Überlebenden ....
26. September 1969 Der bolivianische Erstligist „The Strongest La Paz" stürzt mit einer Linienmaschine in einem Schneetreiben über den Anden ab. An Bord: 25 Spieler, Trainer, Offizielle. Keine Überlebenden ....

31. Dezember 1970 Die Firmenmannschaft der Air Liquide aus Algier kommt um, als ihre Maschine auf dem Weg nach Spanien zu einem Freundschaftsspiel ins Mittelmeer stürzt ....
8. Dezember 1987 Auf dem Rückweg von einem Punktspiel stürzt die Mannschaft des peruanischen Erstligisten Alianza Lima in die See. Zehn Kilometer vor Lima war die Maschine in Nebel geraten. An Bord: 17 Spieler, vier Trainer, sechs Offizielle, drei Schiedsrichter, acht Fans und fünf Crewmitglieder. Keine Überlebenden .....
7. Juni 1989 14 Spieler der Auswahl Surinams sterben in einer aus Holland kommenden Maschine bei der Landung auf dem Flughafen von Paramaribo. Der Pilot hatte in starkem Nebel die Kontrolle verloren und einen Wald gestreift ....
27. April 1993 Kurz vor Mitternacht verschwindet ein Flugzeug im Atlantik, vor der Küste von Gabun. Beim Absturz kommt die gesamte Nationalmannschaft Sambias ums Leben. Die Toten werden außerhalb des Stadions Independence in Lusaka begraben ....

236 • **JENAER REGEL** •

1896 wurde in den „Jenaer Regeln“ festgelegt, dass beim Fußball in Deutschland die Spielfläche frei von Bäumen und Sträuchern sein muss ....

237 • **TISCHFUSSBALL IN LONDON** •

Café Kick .... 43 Exmouth Market, EC1
Freedom & Firkin .... 196 Tooting High Street, SW17
John Bull .... 590 Chiswick High Road, W4
The Barley Mow .... 9 Heathfield Terrace, W4
Purple Turtle .... 61–65 Crowndale Road, N1
Bar Kick .... 127 Shoreditch High Street, EC1

• DIE ELF WELTFUSSBALLER DES JAHRHUNDERTS • 238

Die Weltfußballer des Jahrhunderts wurden im Jahr 2000 von der Internationalen Föderation für Fußball-Geschichte und Statistik per Wahl unter Experten ermittelt.

Edson Arantes do Nascimento *Pelé* .... Brasilien
Hendrik Johannes Cruyff .... Holland
Franz Beckenbauer .... Deutschland
Alfredo di Stéfano .... Argentinien
Diego Armando Maradona .... Argentinien
Ferenc Puskás .... Ungarn
Michel Platini .... Frankreich
Manoel dos Santos *Garrincha* .... Brasilien
Eusébio Ferreira da Silva .... Portugal
Sir Robert Charlton .... England
Sir Stanley Matthews .... England

• FUSSBALL UND MUSIK V • 239

Zur Melodie von „You Are My Sunshine" (Jimmy Davis und Charles Mitchell). Zu hören auf den Rängen von Old Trafford, Manchester United.

„You are my Solskjær – My Ole Solskjær – You make me happy – When skies are grey – And Alan Shearer – Was f**king dearer (kostspieliger) – So please don't take – My Solskjær away." ....

• ASERBAIDSCHAN 2003/04 • 240

Umid Baku war in arge finanzielle Probleme geraten, wie am 7. Juni 2003 erstmals in Aserbaidschan bekannt wurde. Rund fünf Wochen später, am 14. Juli, erschien die Mannschaft einfach nicht zum Spiel gegen Bakili Baku. Da Nicht-Erscheinen in der ersten Liga eines Landes eher unüblich ist, wurde Umid Baku am 21. Juli vom Spielbetrieb ausgeschlossen. Bis dahin hatte Umid Baku acht Spiele bestritten, in denen der Klub fünf Punkte sammelte und eine Tordifferenz von 7:20 zustande brachte. Mit dem Ausschluss wurden diese Spiele annulliert. Karabach Agdam trägt seine Heimspiele in Sumgayit aus. Hazar Universiteti Baku trägt seine Heimspiele in Zabrat aus. Lokomotive Imisli wurde nach dem 15. Spieltag ausgeschlossen. Die verbleibenden Partien wurden allesamt 0:3 gegen Imisli gewertet. Kurz bevor der Spielplan für die Saison erstellt wurde, hatte der aserbaidschanische Fußball-Verband (Affa) überraschend Adliyya Baku zur ersten Liga zugelassen, obwohl der Klub nur Fünfter in der zweiten Liga geworden war (Nur die ersten beiden steigen auf, in diesem Jahr Lokomotive Imisli und Hazar Sumgayit). Aus Protest gab Hazar Universiteti bekannt, dass man nicht am Spielbetrieb teilnehmen werde. Am 20. Mai wurde der Platz von Hazar deshalb an Bakili Baku vergeben. Am 2. Juni entschloss sich Hazar, nun doch lieber mitspielen zu wollen, was freundlicherweise genehmigt wurde ....

01. Platz: Neftschi Baku	**Spiele 26**	**Tore 66:15**	**Punkte 69**
02. Platz: FK Schamkir	**Spiele 26**	**Tore 67:11**	**Punkte 64**
03. Platz: Karabach Agdam	**Spiele 26**	**Tore 63:17**	**Punkte 60**
04. Platz: Hazar Universiteti Baku ...	**Spiele 26**	**Tore 43:16**	**Punkte 51**
05. Platz: Dinamo Baku	**Spiele 26**	**Tore 45:32**	**Punkte 41**
06. Platz: Schafa Baku	**Spiele 26**	**Tore 45:32**	**Punkte 41**
07. Platz: Bakili Baku	**Spiele 26**	**Tore 40:46**	**Punkte 34**
08. Platz: MOIK Baku	**Spiele 26**	**Tore 25:32**	**Punkte 29**
09. Platz: Adliyya Baku	**Spiele 26**	**Tore 27:40**	**Punkte 29**
10. Platz: Schahdag Gusar	**Spiele 26**	**Tore 29:41**	**Punkte 27**
11. Platz: Kapaz Ganja	**Spiele 26**	**Tore 22:45**	**Punkte 23**
12. Platz: Hazar Sumgayit	**Spiele 26**	**Tore 32:78**	**Punkte 22**
13. Platz: Turan Tavuz	**Spiele 26**	**Tore 15:59**	**Punkte 16**
14. Platz: Lokomotive Imisli	**Spiele 26**	**Tore 17:76**	**Punkte 12**
15. Platz: Umid Baku	**Spiele 0**	**Tore 0**	**Punkte 0**

WM-Endspiel 1958 Brasilien vs. Schweden 5:2 ARD .... **Rudi Michel**

Erwähnenswert: erste Live-Übertragung eines WM-Endspiels im deutschen Fernsehen.

•••

WM-Endspiel 1962 Brasilien vs. Tschechoslowakei 3:1 ARD ..... **Rudi Michel**

Erwähnenswert: keine Live-Übertragung im deutschen Fernsehen. Michel kommentierte das Spiel in voller Länge nach, es wurde zwei Tage später im deutschen Fernsehen gezeigt.

•••

WM-Endspiel 1966 England vs. Deutschland 4:2 n.V. ARD .... **Rudi Michel**

Erwähnenswert: der Live-Kommentar zum Wembley-Tor: *„Kein Tor! Oder doch?“* .....

•••

WM-Endspiel 1970 Brasilien vs. Italien 4:1 ZDF .... **Werner Schneider**

•••

WM-Endspiel 1974 Deutschland vs. Niederlande 2:1 ARD ..... **Rudi Michel**

Erwähnenswert: Michel beschuldigte Berti Vogts des Fouls an Johan Cruyff, das zum Elfmeter für Holland führte. Gefoult hatte Uli Hoeneß ....

•••

WM-Endspiel 1978 Argentinien vs. Niederlande 3:1 n.V. ZDF ... **Rolf Kramer**

•••

WM-Endspiel 1982 Italien vs. Deutschland 3:1 ARD .... **Rudi Michel**

•••

WM-Endspiel 1986 Argentinien vs. Deutschland 3:2 ZDF ...... **Rolf Kramer**

•••

WM-Endspiel 1990 Deutschland vs. Argentinien 1:0 ARD **Gerd Rubenbauer**

Erwähnenswert: Rubenbauers „R“ rollte sogar, wenn der Ball still lag ....

•••

WM-Endspiel 1994 Brasilien vs. Italien 3:2 n.E. ZDF .... **Marcel Reif**

•••

WM-Endspiel 1998 Frankreich vs. Brasilien 3:0 ARD **Heribert Faßbender**

Erwähnenswert: Faßbender zog ein erstes Fazit nach fünf Minuten ....

•••

WM-Endspiel 2002 Brasilien vs. Deutschland 2:0 ZDF .... **Béla Réthy**

• DAVID BECKHAM UND DIE HAARE •

Kein Fußballer wechselt seine Frisur so oft wie der Engländer David Beckham. Eine repräsentative Auswahl (vollständig kann sie niemals sein):

• All Tied Up •
Zwei Zöpfe
Einen oben auf dem Kopf
Einen hinten dran

• Forlan •
Lange Haare
Mittelscheitel
Ganz wie der Uruguayer
Diego Forlan

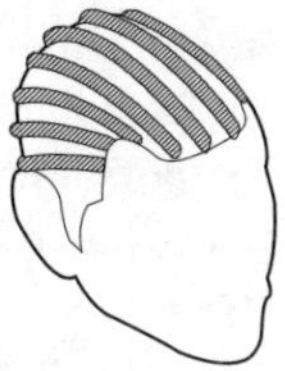

• Braid it like Beckham •
Viele geflochtene
Zöpfe
auf dem Kopf

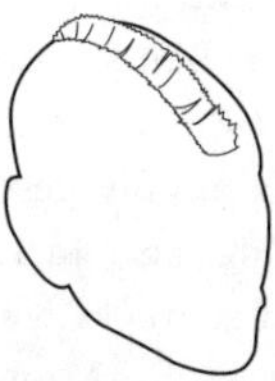

• Mohican Style •
Auf
deutsch:
Irokesenschnitt

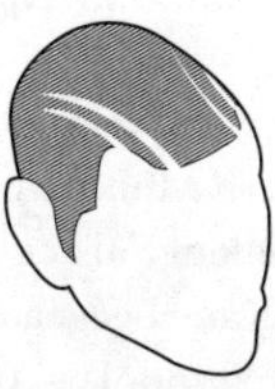

• Shaven Lines •
Zwei Linien
Sauber rasiert in die
Stoppeln

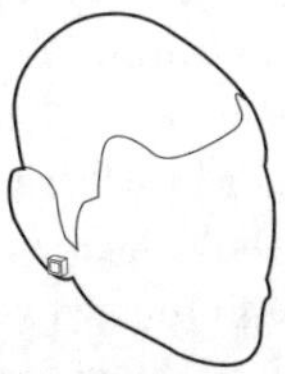

• Clean Shaven •
Rasierter
Kopf
Stoppelfrei

Santiago Cañizares FC Valencia – musste 2002 Spaniens WM-Kader verlassen, nachdem er sich im Trainingslager beim Versuch, eine Rasierwasserflasche mit dem Fuß aufzufangen, an einer Scherbe sämtliche Sehnen im großen Zeh durchtrennte hatte ....
Svein Grondalen FC Nottinghamshire – verpasste in den Siebzigerjahren ein Länderspiel, nachdem er beim Joggen im Wald mit einem Elch kollidiert war ....
Alex Stepney Manchester United – der Torhüter renkte sich den Kiefer aus, als er seine Abwehr anschrie ....
Lee Hodget FC Barnsley – rutschte auf einem Stück Seife aus und holte sich eine böse Leistenzerrung ....
Oliver Reck FC Schalke 04 – zog sich eine äußerst hässliche Platzwunde zu, als er von einer herunterfallenden Seifenschale am Kopf getroffen wurde ....
Ramalho FC São Paulo – nahm ein Schmerzzäpfchen irrtümlich oral ein und büßte mit vier Tagen Bettruhe ....
Charles Akonnor VfL Wolfsburg – bohrte sich eine Autoantenne ins Nasenloch und verblutete beinahe daran. Das blutstillende Mittel, das er daraufhin einnehmen musste, stand leider auf der Dopingliste: drei Spiele Sperre ....
Stefan Kuntz 1. FC Kaiserslautern – dreifacher Bänderriss im Knöchel nach dem Ausstieg aus dem Mannschaftsbus ....
Franz Michelberger FC Bayern München – ebenfalls am Bus gescheitert, holte sich eine Knieprellung, als er im Trainingslager in Israel beim Einsteigen von einem Kamel gegen die Stufen gedrückt wurde.
Michael Stensgaard FC Liverpool – büßte mit sechs Monaten Pause, nachdem er sich beim Versuch, ein umfallendes Bügelbrett aufzuhalten, die rechte Schulter ausgekugelt hatte ....
Kevin Keegan Hamburger SV – blieb mit dem Zeh im Ausguss seiner Badewanne hängen, was nicht nur schmerzhaft klingt, sondern auch so schmerzhaft war, dass er mehrere Wochen pausieren musste.

244 • IM EINSATZ MEHRERER NATIONEN •

John Hawley Edwards War der Erste. Spielte 1876 für Wales, obwohl er zwei Jahre zuvor bereits für England gegen Schottland gespielt hatte ....
Ferenc Puskás Spielte auf Wunsch des Diktators Franco für Spanien, obwohl er im ungarischen Team berühmt geworden war ....
Alfredo di Stéfano Spielte ebenfalls auf Wunsch des Diktators Franco für Spanien, zuvor für sein Heimatland Argentinien ....
Juri Nikiforow • Akhrik Tsveiba Gaben beide ihr Debüt für die GUS, traten danach sowohl für die Ukraine als auch für Russland an.
Josef Bican Stand im Aufgebot Österreichs und der Tschechoslowakei, absolvierte zudem ein Spiel für Morawien, eine Provinz der heutigen Tschechischen Republik, die seinerzeit von den Nazis „befreit" worden war, wie diese es nannten ....
Ulf Kirsten • Matthias Sammer • Thomas Doll Spielten für die DDR und für die BRD ....
Robert Jarni • Robert Prosinecki Jugoslawien und Kroatien ....
Lubomir Moravcik • Dusan Tittel Tschechoslowakei, Slowakei .....
Luis Felipe Monti Stand in zwei WM-Endspielen für zwei verschiedene Länder. Verlor 1930 mit Argentinien (2:4 gegen Uruguay), gewann 1934 mit Italien (2:1 gegen die Tschechoslowakei) ....
Stan Mortensen Gab sein Debüt 1943 für Wales gegen England, obwohl er Engländer war. Weil den Engländern durch Verletzungen während der Partie die Spieler ausgingen, lief Mortensen in der zweiten Halbzeit für England auf ....

245 • REGELKUNDE XI •

Offizielle Regeln des Deutschen Fußball-Bundes, aus Regel 10 (Wie ein Tor erzielt wird).
Die Mannschaft, die während des Spiels die meisten Tore erzielt hat, hat gewonnen. Wenn jede Mannschaft keine oder die gleiche Anzahl von Toren erzielt hat, gilt das Spiel als unentschieden ....

• REGISTER •

Wir danken
Andreas Duntze
Stefan Höf
Klaus Hoeltzenbein
Michael Kast
Julia von Keisenberg
Anna Liska
Milan Pavlovic
Klaus Raab
Jenk Saborowski
Ludger Schulze
Katharina Ziegler